WILLIAMS-SONOMA

PAPAS

RECETAS Y TEXTO

SELMA BROWN MORROW

EDITOR GENERAL

CHUCK WILLIAMS

FOTOGRAFÍA

MAREN CARUSO

TRADUCCIÓN

LAURA M. CORDERA

degustis

CONTENIDO

PLATO PRINCIPAL

ENSALADAS DE PAPA

PAPAS PARA EL DESAYUNO

INTRODUCCIÓN

Aunque originalmente es un vegetal del Nuevo Mundo, la modesta papa ha jugado un papel muy importante en las cocinas de todo el mundo. Tan increíblemente versátil, la papa puede cocinarse usando prácticamente cualquier método y su sabor la convierte en una excelente combinación para innumerables platillos. Sin embargo, la papa ha sido siempre considerada como una guarnición, más su uso no debe limitarse. La selección de las recetas incluidas en estas páginas muestra que la papa puede ser platillo principal o un elemento importante de una comida inolvidable.

Es para mí un gran placer poder compartir las recetas de este libro con los cocineros de América Latina. Incluida en cada receta, encontrará una nota informativa que subraya una técnica o término en particular. Para esta edición en Español, también hemos hecho sugerencias para sustituir los ingredientes que difieren en nuestros países. Además contiene un capítulo que le proporcionará información básica necesaria para llevar las papas a su mesa de diferentes formas. Por lo tanto, ya sea que le guste el puré de papa o las papas estofadas con mantequilla, fritas y crujientes, o mezcladas con una refrescante ensalada, podrá encontrar una gran riqueza de deliciosas recetas elaboradas con papa. ¡Buen Apetito!

LAS CLÁSICAS

Los siguientes platillos son los clásicos por dos buenas razones: establecen una norma que perdura y siempre son adecuadas sin importar la ocasión. Unas cremosas papas al gratín; una deliciosa sopa de poro y papa o unas crujientes papas a la francesa, siempre gustan. Ya sea que la ocasión sea casual o formal, estas recetas han sido las favoritas de todos los tiempos y combinan perfectamente cada vez que se sirven.

PAPAS CAMBRAY A LAS HIERBAS

HOJAS DE LAUREL

Las hojas verde grisáceo del laurel se usan para dar sabor a una amplia variedad de platillos. Secas, su sabor es ligeramente dulce, a cítrico y a nuez. Las hojas de laurel del Mediterráneo, en especial las de Turquía, son apreciadas por su delicado sabor y aroma. Son ovales y miden de 2.5 a 5 cm (1-2 in) de largo. Las hojas de laurel de California son más angostas, miden de 5 a 7.5 cm (2-3 in) de largo y tienen un sabor más fuerte. Ambos tipos se venden ya sea envasados o empaquetados y pueden encontrarse en la sección de hierbas y especias de los mercados bien surtidos.

Precaliente el horno a 190°C (375°F). Rocíe una charola de horno grande con aceite de oliva en aerosol.

En un procesador de alimentos pequeño o en una licuadora, agregue la echalota, tomillo, salvia, orégano, ajo, hoja de laurel, ¾ cucharadita de sal y ½ cucharadita de pimienta. Agregue el aceite de oliva y mezcle sólo hasta que la echalota esté finamente picada. Pase ⅓ de taza (80 ml/3 fl oz) de la mezcla de hierbas a un recipiente grande.

Usando un cuchillo pequeño con mucho filo o un pelador de verduras, pele una tira de 12 mm (½ in) de ancho alrededor del centro de cada papa. Deseche estas cáscaras y ponga las papas en el recipiente con la mezcla de hierbas. Mueva las papas hasta cubrir por completo.

Coloque las papas en la charola de horno previamente preparada. Hornee las papas aproximadamente por 45 minutos, volteando ocasionalmente hasta lograr un dorado parejo y se sientan tiernas al picarse con un cuchillo pequeño. Pase las papas a un recipiente grande poco profundo. Rocíe con el resto de la mezcla de hierbas y sirva de inmediato.

RINDE: 4 PORCIONES

Aceite de Oliva en aerosol

1 echalota grande, finamente picada

1 cucharada de tomillo fresco, picado

1 cucharada de salvia fresca, picada

1 cucharada de orégano fresco, picado

1 diente de ajo grande, finamente picado

1 hoja de laurel, de preferencia de Turquía, finamente desmenuzado

Sal Kosher o sal de mar y pimienta fresca molida

½ taza (125 ml /4 fl oz) de aceite de oliva

16 papas de cambray rojas o blancas, aproximadamente 1Kg. (2 lb) en total, lavadas y secas

PAPAS AL GRATÍN

2 dientes grandes de ajo, 1 partido a la mitad y 1 picado

3 cucharadas de mantequilla sin sal, a temperatura ambiente

1¼ tazas (310 ml/10 fl oz) de leche

1 taza (250 ml/8 fl oz) de crema espesa

Sal kosher o sal de mar y pimienta recién molida

2 pizcas de nuez moscada recién molida

5 papas "Russet" o papas blancas, aproximadamente 1.25 Kg. (2½ lb)

Precaliente el horno a 190°C (375°F). Frote un refractario cuadrado de 20 cm (8 in) o algún otro tipo de platón con capacidad de 8 tazas (2 l/64 fl oz.) con las mitades de ajo y deséchelas. Engrase el interior del platón con 1 cucharada de mantequilla.

En una olla grande, mezcle la leche, crema, ajo picado, 1 cucharadita de sal, ½ cucharadita de pimienta, nuez moscada y las 2 cucharadas restantes de mantequilla. Pele 1 de las papas y corte en rodajas de 3 mm (⅛ in) de grueso. Agregue las rodajas a la mezcla de leche para evitar que se decoloren. Repita la operación con el resto de las papas. Hierva la mezcla de leche sobre calor medio, moviendo ocasionalmente. Cubra y cocine durante 3 minutos.

Usando una cuchara acanalada, pase las papas al platón previamente preparado, colocando la capa superior de papas de tal forma que se sobrepongan unas a otras si así se desea. Ponga toda la mezcla de leche sobre las papas. Cubra el platón con un papel aluminio engrasado con mantequilla, poniendo la parte engrasada hacia adentro.

Hornee el gratin durante 40 minutos, descubra y hornee por aproximadamente 20 minutos más hasta que las papas estén tiernas, las burbujas espesas y la superficie dorada y crujiente. Saque del horno y deje enfriar durante 10 minutos, después sirva.

RINDE: 6 PORCIONES

NUEZ MOSCADA

En este gratin clásico, use nuez moscada recién rallada por su sabor superior. La nuez moscada entera es la semilla lisa, dura, café y oval del árbol de la miristica. Para rallar la nuez moscada, utilice un rallador especial con escarpelos pequeños y que tiene generalmente un pequeño compartimento para guardar una o dos nueces moscadas. Si no lo tiene, use un rallador común del lado que tiene los escarpelos más finos.

LATKES CON PURÉ DE MANZANA HECHO EN CASA

CONOCIENDO LOS LATKES

El Latke, un estilo de panqué a base de papa, es una especialidad judía con un sabor delicado que se originó en Europa Oriental. Una de las claves para hacer latkes deliciosos es mezclar las papas finamente ralladas y picadas con cebolla. La cebolla ayuda a evitar que las papas se decoloren y al estar finamente picadas ayuda a que se mantengan unidas. Otra clave es exprimir la humedad de la mezcla de papas y cebolla antes de agregar los demás ingredientes. Por último, para mantener los latkes crujientes, incline la cuchara contra el recipiente para permitir que escurra el exceso de líquido cada vez que ponga algo de la pasta

Para hacer el puré de manzana mezcle en una sartén gruesa las manzanas, el jugo de manzana concentrado y la canela. Hierva sobre fuego alto. Reduzca el calor, cubra y hierva a calor bajo, moviendo de vez en cuando hasta que las manzanas estén muy tiernas, aproximadamente 25 minutos. Retire del fuego. Prense las manzanas con un tenedor. Endulce el puré con azúcar al gusto, agregando 1 cucharada a la vez. Pase a un recipiente de servicio, cubra y refrigere hasta que esté frío, por lo menos 2 horas o hasta 3 días.

Ponga 2 charolas grandes en el horno y precaliente a 150°C (300°F). Para hacer los latkes use un procesador de alimentos con la navaja para desmenuzar. Desmenuce una tercera parte de las papas con una tercera parte de la cebolla. Repita la operación con otra tercera parte de papas y cebolla. Páselas a una toalla grande de cocina. Cambie la navaja del procesador de alimentos por la navaja para picar fino. Pique el resto de las papas y cebollas y coloque en la toalla con el resto de la mezcla de papas y exprima fuertemente.

Pase la mezcla de papas a un recipiente grande. Agregue los huevos, harina, 1¼ cucharaditas de sal, ¾ cucharaditas de pimienta y polvo de hornear y mezcle hasta integrar por completo.

En una sartén de teflón grueso, caliente ¼ de taza (60 ml/2 fl oz.) del aceite vegetal sobre calor medio alto. Ponga 1 cucharada de pasta para cada latke en la sartén, dejando el espacio suficiente entre cada una. Usando una espátula de plástico a prueba de calor, prénselas para formar círculos de 7.5 cm (3 in) de diámetro. Cocine aproximadamente 3 minutos hasta que estén crujientes y doradas por abajo. Voltee y cocine hasta que estén crujientes y doradas por el otro lado, aproximadamente 3 minutos. Pase a las charolas para hornear y mantenga dentro del horno para mantenerlas calientes. Repita la operación con el resto de la pasta, dejando el líquido sobrante en el recipiente y agregando más aceite a la sartén si es necesario. Sirva las latkes calientes acompañando con el puré de manzana a un lado.

RINDE: 6 PORCIONES

PARA EL PURÉ DE MANZANAS:

1 kg (2 lb) de manzanas amarillas "Golden Delicious" peladas, sin semillas, en cuarterones y después partidas en piezas de 2 cm (¾ in)

⅓ taza (80 ml/3 fl oz) jugo concentrado de manzanas congelado a temperatura ambiente

½ rama de canela

2 a 4 cucharadas (30-60 g/1-2 oz) de azúcar

PARA LOS LATKES:

4 papas "Russet" o papas blancas, aproximadamente 1 kg (2 lb), peladas y cortadas en cubos de 2.5 cm (1 in)

1 cebolla amarilla muy grande de aproximadamente 375 g (¾ lb) cortada en cubos de 2.5 cm (1 in)

2 huevos grandes, batidos

3 cucharadas de harina de trigo

Sal kosher o sal de mar y pimienta toscamente rallada

¾ cucharadita de polvo para hornear

⅔–¾ de taza (160-180 ml/ 5-6 fl oz) de aceite vegetal

PAPAS ANA

Aceite vegetal en aerosol

½ taza (125 ml/ 4 fl oz) aproximadamente de mantequilla clarificada derretida (ver la explicación a la derecha)

10 papas rojas, aproximadamente 1.25 kg (2½ lb) peladas, cortadas en rodajas de 3 mm (⅛ in) de grueso, sin incluir las puntas

Sal kosher o sal de mar y pimienta recién molida

Precaliente el horno a 230°C (450°F). Rocíe un molde de metal para pay de 23 cm (9 in) con aceite vegetal en aerosol. Ponga 2 cucharadas de mantequilla clarificada en el molde y mueva para cubrir por completo. Ponga 1 rodaja de papa en el centro del molde y sobreponga más rodajas haciendo círculos concéntricos alrededor de la primera rodaja hasta cubrir toda la parte inferior del molde. Bañe con 2 cucharadas de mantequilla clarificada y un poco de sal y pimienta. Ponga una rodaja de papa contra la orilla del molde y sobreponga más rodajas alrededor cubriendo toda la orilla. Repita la misma operación colocando las papas en capas, bañando cada capa con 1 cucharada de mantequilla clarificada y rociándolas con sal y pimienta. (Debe formar de 4 a 5 capas de papas.)

Si sobra mantequilla, viértala sobre la última capa de papas. Si es necesario, corte las papas que colocó contra la orilla del molde al mismo nivel que las papas del centro. Engrase una hoja de papel aluminio con el aceite en aerosol y cubra el molde poniendo el lado engrasado hacia abajo. Coloque el molde directamente sobre un quemador de la estufa sobre fuego alto y cocine durante 1 minuto (la mantequilla se quemará produciendo un chirrido).

Hornee las papas durante 25 minutos. Destape, presione la parte superior con una espátula para compactar las papas y continúe horneando destapadas durante 30 minutos aproximadamente, hasta que al picarlas con un cuchillo se sientan tiernas y la parte superior y los laterales adquieran un tono café oscuro.

Con un cuchillo pequeño desprenda el pastel de papa. Coloque un platón plano invertido sobre el molde y, usando agarraderas térmicas, sostenga el platón junto con el molde. Ladee sobre un recipiente pequeño para escurrir cualquier exceso de mantequilla. Aún teniendo el platón y el molde juntos, voltee el molde y golpee suavemente para que el pastel se desprenda. Quite el molde. Si desea el pastel más dorado, colóquelo en una charola de hornear pequeña y ase de 1 a 2 minutos. Para servir corte en rebanadas.

RINDE: 6 PORCIONES

MANTEQUILLA CLARIFICADA
También llamada mantequilla derretida, a esta mantequilla se le han quitado las partes sólidas de la leche. Tiene un alto punto de ahumado y no se quemará fácilmente, aun cuando se cocine sobre calor alto.
Para hacer de ⅔ a ¾ de taza (160-180 ml/ 5-6 oz) de mantequilla clarificada hierva 1 taza (250 g/ 8 oz) de mantequilla sin sal a fuego medio en una cacerola pequeña. Retire del fuego y deje reposar durante 3 minutos, después retire la espuma con una cuchara y deséchela. Coloque el líquido claro (clarificado) en un tarro de vidrio y deseche el sedimento lechoso que queda en la cacerola. Cubra y guarde en el refrigerador hasta 1 mes.

SOPA DE PORO Y PAPA

En una olla grande y gruesa derrita 3 cucharadas de mantequilla sobre calor medio alto. Agregue 4 tazas (375 g/12 oz) de poro y las partes de abajo de las cebollas verdes y saltee hasta que los poros se marchiten, aproximadamente 4 minutos (no deje que se doren). Agregue las papas y mueva durante un minuto para cubrir.

Añada el consomé y hierva. Reduzca el calor a medio bajo; tape y hierva alrededor de 25 minutos hasta que las papas estén muy tiernas. Retire del fuego.

Vierta 3 tazas (750 ml/24 fl oz) de la sopa (tanto sólido como líquido) y haga un puré por partes en la licuadora hasta que esté suave. Regrese el puré a la olla y sazone con sal y pimienta.

Para decorar la sopa derrita la cucharada restante de mantequilla en una pequeña sartén gruesa sobre fuego medio bajo. Agregue el resto del poro y dos cucharadas de la parte superior de las cebollas de cambray (Reserve el resto para otro uso). Saltee hasta que los poros se marchiten, aproximadamente 4 minutos (no deje que se tuesten). Sazone con sal y pimienta al gusto.

Vierta la sopa en tazones individuales calientes y decore cada tazón con un poco de crema agria, si lo desea. Decore con la mezcla de poro y papa y sirva.

RINDE: 4 A 6 PORCIONES

LAVANDO EL PORO

El poro es un vegetal de la familia del ajo y la cebolla con mucho sabor y aroma. Para preparar un poro, recorte y deseche las raíces y las puntas verde oscuro, dejando sólo la parte blanca y verde claro. (Si la receta especifica que sólo se use la parte blanca, corte toda la parte verde). Parta a la mitad el poro a lo largo, dejando las capas largas pegadas a la raíz. Lave el poro bajo el chorro de agua fría, separando las capas para quitar cualquier suciedad. Escurra sobre toallas de papel antes de rebanar, poniendo hacia abajo la parte cortada.

4 cucharadas (60 g/2 oz) de mantequilla sin sal

3 poros grandes, incluyendo la parte verde claro, partidos a la mitad a lo largo, bien lavados y finamente picados (aproximadamente 6 tazas/560 g/18 oz)

3 cebollas verdes (de cambray), picando las partes verdes y las blancas por separado

3 papas "Russet" o papas blancas, aproximadamente 750 g (1½ lb) en total, peladas y picadas

5 tazas (1.25 l/ 40 fl oz) de consomé de pollo (página 111) o de consomé de pollo en lata bajo en sodio

Sal kosher o sal de mar y pimienta recién molida

Crema ácida, o crème fraîche (página 113) o crema espesa (doble) para adornar (opcional)

PAPAS A LA FRANCESA CON SALSA DE TOMATE HECHA EN CASA

Para hacer la salsa de tomate mezcle la salsa de tomate, vinagre de vino tinto, echalotas, azúcar, semillas de hinojo, sal, clavos, mostaza en polvo, pimienta negra y pimienta de cayena en una olla grande y gruesa. Hierva sobre fuego medio, moviendo de vez en cuando. Reduzca el calor al mínimo; tape y deje hervir alrededor de 30 minutos hasta que espese, moviendo ocasionalmente (y, durante los últimos 10 minutos de la cocción, moviendo constantemente). Pase la salsa de tomate a un recipiente pequeño y deje enfriar. Tape y refrigere por lo menos durante 1 día o hasta 3 semanas.

Para preparar las papas a la francesa, pele las papas y corte cada una a lo largo en rodajas de 9 mm (⅓ in.) de grueso. Corte las rodajas a lo largo en tiras de 9 mm (⅓ in.) de grueso. Extienda 3 toallas de cocina. Distribuya las papas sobre las toallas y enróllelas. Deje reposar durante 30 minutos para que se absorba la humedad.

Vierta bastante aceite vegetal en una olla grande y gruesa para tener 5 cm (2 in) de profundidad y coloque fijamente en la orilla derecha de la olla un termómetro para freír. (ver explicación a la derecha). Caliente el aceite sobre fuego medio alto hasta que registre 165°C (325°F). Trabajando en 4 etapas, fría las papas hasta que estén tiernas pero no doradas, aproximadamente 3 minutos. Usando un colador grande, pase las papas a una charola de horno preparada con varias capas de toallas de papel para que escurran. Entre etapa y etapa, deje que el aceite vuelva a llegar a los 165°C y use el colador para remover todos los pedazos de papa que queden dentro del aceite. Deje que las papas se enfríen por lo menos durante 1 hora o hasta 3 horas.

Recaliente el aceite de la olla a 190°C (375°F). Fría las papas una vez más en etapas hasta que se doren y estén crujientes, de 3 a 4 minutos para cada etapa. Pase las papas a una charola de hornear con toallas de papel limpias y rocíe con sal y pimienta negra al gusto. Sirva todas las papas juntas, acompañando con la salsa de tomate.

Nota: Al freír no permita que el aceite suba de los 190°C (375°F). Si llega a 200°C (400°F) o más, puede prenderse en llama.

RINDE: 6 PORCIONES

FREIDORA

Si no tiene una freidora con un termómetro incluido, use una olla grande y gruesa y un termómetro para freír que puede fijarse a la orilla de la olla con un clip. Nunca llene la olla con aceite más de una tercera parte y utilice aceite con un punto de ahumado alto, como es el de girasol, soya o cacahuate. Cocine los alimentos en pequeñas cantidades a la vez para evitar que baje la temperatura del aceite, usando una coladera para introducir los alimentos al aceite caliente y evitar salpicaduras. Siempre deje que el aceite vuelva a la temperatura indicada para freír entre cada etapa. Si la temperatura del aceite baja, las papas a la francesa absorberán demasiado aceite.

PAPAS DELMÓNICO

Precaliente el horno a 180°C (350°F). Engrase un refractario rectangular de 28 x 18 cm (11 x 7 in) o algún otro platón para hornear con capacidad de 8 tazas (2 l/64 fl oz).

En una cacerola grande con agua hirviendo con sal, cocine las papas enteras con cáscara, por aproximadamente 25 minutos, hasta que al picar con un cuchillo pequeño se sientan ligeramente tiernas. Escurra, deje enfriar y pele. Corte las papas en cuadros pequeños. Pase a un recipiente grande y agregue ½ cucharadita de sal y ¼ de cucharadita de pimienta negra. Agite para cubrir. Agregue 1 taza (120 g/4 oz) del queso y ½ taza (125 ml/4 fl oz) de la crema. Mezcle bien.

En una olla pequeña y gruesa, derrita 1 cucharada de mantequilla sobre calor medio bajo. Integre rápidamente la harina, mostaza en polvo, clavos, pimienta de cayena y cocine 1 minuto. Agregue moviendo la leche y la ½ taza restante de crema. Aumente la temperatura a media alta y hierva, moviendo constantemente, hasta que espese ligeramente, aproximadamente 1 minuto. Retire del fuego. Agregue ½ taza (60 g/2 oz) del queso, ¾ de cucharadita de sal y ½ cucharadita de pimienta negra y mueva hasta que se derrita el queso. Vierta la salsa sobre las papas y mezcle hasta integrar por completo. Pase a un platón de servicio.

En una sartén gruesa para freír, derrita las 2 cucharadas restantes de mantequilla sobre fuego medio. Agregue la echalota y la menta o tomillo y saltee hasta que la echalota se suavice, aproximadamente 3 minutos. Agregue las migajas de pan y mueva hasta que estén doradas y crujientes, cerca de 7 minutos. Retire del fuego y deje enfriar. Agregue la ½ taza restante de queso y el ¼ de cucharadita de pimienta negra. Reserve.

Hornee las papas, sin tapar por aproximadamente 30 minutos más, hasta que la salsa hierva y espese y que las papas estén calientes. Rocíe con las migajas cubriendo todas las papas de forma pareja. Continúe horneando durante 10 minutos más, hasta que la cubierta esté crujiente y el queso se haya derretido. Retire del fuego y deje reposar durante 5 minutos antes de servir.

RINDE: 6 PORCIONES

ECHALOTA

Un pequeño miembro de la familia de la cebolla es la echalota, que parece un gran diente de ajo cubierto por una cascarilla color bronce tipo papel. Su carne es blanca con ligeras líneas moradas y de frágil textura. La echalota tiene un sabor más suave que la cebolla y por esta razón se usa para condimentar platillos que serían opacados por el fuerte sabor de la cebolla, como es este platillo clásico inspirado en el Restaurante Delmónico de Nueva York. La echalota no debe confundirse con el chalote ó cebolla verde (de cambray) con bulbo blanco.

4 papas "White Rose" o papas blancas, aproximadamente 875 g (1¾ lb)

Sal kosher o sal de mar y pimienta negra recién molida

2 tazas (240 g/8 oz) de queso manchego empacado al vacío rallado grueso

1 taza (250 ml/8 oz) de crema espesa (doble)

3 cucharadas de mantequilla sin sal, más otra poca para engrasar

1½ cucharadas de harina (de trigo)

¾ cucharadita de mostaza en polvo

⅛ cucharadita de clavos picados

1 pizca de pimienta de cayena

1 taza (250 ml/8 fl oz) de leche

1 echalota grande, picada

1 cucharadita de menta o tomillo

2 tazas (125 g/4 oz) de migajas de bolillo fresco (ver página 44)

PURÉ PARA ACOMPAÑAR

El puré de papa, caliente y delicioso es tan apreciado en los restaurantes de cuatro estrellas como en las comidas familiares. Combina bien con casi todos los sabores y texturas, dando a los cocineros una oportunidad de mezclarlo con cualquier ingrediente desde ajo asado hasta queso Brie y verduras salteadas, logrando deliciosos resultados. Los tradicionalistas, por supuesto, se conforman con algo tan simple como un trozo de mantequilla sobre el puré.

PURÉ DE PAPA PERFECTO

COCINANDO LAS PAPAS

Al cocer las papas con cáscara se evita que se llenen de agua, logrando una mejor textura al final del platillo y hace que no se pierdan los nutrientes en el agua. Al mismo tiempo, al hervir papas en rodajas o cubos se mantiene la textura, el sabor y los nutrientes. Si desea hervir papas peladas, córtelas en cuadros pequeños para que se cuezan rápido y estén expuestas al agua el menor tiempo posible.

Para cocer las papas al vapor, pele y córtelas en rodajas de 6 mm (1/4 in) de grueso o en cubos de 12 mm (½ in). En una olla grande vierta agua hasta tener una profundidad de 2.5 cm (1 in) y hierva. Coloque las papas en una canasta vaporera plegable y colóquela sobre el agua hirviendo. (El agua no deberá tocar la parte inferior de la canasta vaporera). Tape y cueza al vapor hasta que al picarlas con un cuchillo pequeño se sientan suaves, aproximadamente 12 minutos. Pase las papas a un recipiente.

Otra alternativa es dejar las papas con su cáscara y cocerlas en una olla grande con agua salada hirviendo hasta que al picarlas con un cuchillo pequeño se sientan suaves, aproximadamente 25 minutos. Pase las papas a un colador para escurrir.

Vacíe la olla y seque. Agregue la mantequilla a la olla todavía caliente y derrita. Añada las papas cocidas al vapor o rápidamente pele las papas hervidas mientras todavía estén calientes (página 108) y colóquelas en la olla. Haga un puré con un prensador de papas hasta que estén suaves.

Agregue ½ taza de leche, 1½ cucharadita de sal y ½ cucharadita de pimienta y presione para integrar. Agregue leche poco a poco, poniendo una cucharada a la vez, hasta lograr la consistencia deseada. Pase el puré a un recipiente y sirva de inmediato.

Nota: Si usa un prensador de papas, el puré quedará grumoso y estará esponjoso. Para lograr una consistencia más suave, use un pasapurés. No use un procesador de alimentos; las papas quedarán pegajosas.

Preparación por adelantado: El puré de papa puede prepararse con 2 horas de anticipación. Deje reposar en la olla a temperatura ambiente y justo antes de servir recaliente a fuego suave, moviendo constantemente. Otra alternativa es recalentar al horno a 180°C (350°F) en un refractario engrasado con mantequilla hasta que la superficie esté un poco dura, aproximadamente 25 minutos.

RINDE: 6-8 PORCIONES

8 papas "Russet" o papas blancas pequeñas o medianas aproximadamente 1.5 kg (3 lb), lavadas

½ taza (125 g/4 oz) de mantequilla sin sal, a temperatura ambiente

½–¾ de taza (125 a 180 ml/4-6 fl oz) de leche natural

Sal kosher o sal de mar y pimienta recién molida

PURÉ DE PAPA CON AJO ROSTIZADO

2 cabezas de ajo grandes

2 cucharadas de aceite de oliva

5 papas "Yukon" o papas amarillas grandes, aproximadamente 1.25 Kg (2½ lb) en total peladas y cortadas en rodajas de 6 mm (1/4 in)

4 cucharadas (60 g/2 oz) de mantequilla sin sal, a temperatura ambiente

6 cucharadas (90 ml/ 3 fl oz) de leche, más otro poco si se necesita

Sal kosher o sal de mar y pimienta negra molida

Precaliente el horno a 200°C (400°F). Corte una rodaja de 12 mm (½ in) de la parte superior de la cabeza de ajo hasta ver los dientes; ponga el ajo en un refractario pequeño y rocíe con aceite de oliva. Tape firmemente con papel aluminio y hornee por aproximadamente 55 minutos hasta que al picar con un cuchillo pequeño se sienta tierno. Retire del horno; destape y deje enfriar hasta poder tocar. Separe las cabezas de ajo. En un recipiente pequeño machaque el ajo con un tenedor hasta que esté suave. Tendrá aproximadamente ⅓ de taza (105 g/3½ oz). Si quedara aceite de oliva en la charola, resérvelo.

En una olla grande vierta agua hasta tener una profundidad de 2.5 cm (1 in) y hierva. Ponga las papas en una canasta vaporera plegable y colóquela sobre el agua hirviendo. (El agua no deberá tocar la parte inferior de la canasta). Tape y cueza al vapor hasta que al picar las papas con un cuchillo pequeño se sientan suaves, aproximadamente 15 minutos. Coloque las papas a un recipiente.

Vacíe la olla y seque. Regrese las papas a la olla todavía caliente. Agregue la mantequilla y 4 cucharadas del ajo asado y presione las papas por un prensador. Agregue las 6 cucharadas de leche, 1 cucharadita de sal y ½ cucharadita de pimienta. Continúe prensando, agregando más leche poco a poco, una cucharada a la vez, hasta obtener la consistencia deseada. Rectifique la sazón y agregue más ajo asado si lo desea. Sirva de inmediato, rociándolo con el aceite de oliva que reservó.

Nota: Hay tantos usos deliciosos para el ajo asado (ver explicación a la derecha) que quizás prefiera duplicar la receta, para tener un sobrante. Podrá conservarlo cubierto y refrigerado, durante una semana.

Preparación por adelantado: Estas papas pueden prepararse hasta 2 horas antes. Tápelas suavemente y mantenga a temperatura ambiente, después recaliente sobre fuego bajo, moviendo constantemente, justo antes de servir.

RINDE: 4 PORCIONES

AJO ASADO

El ajo asado da un toque suave al puré de papas y puede añadirse a una gran variedad de platillos. Mézclelo con mayonesa o úntelo en sándwiches de roast beef; agréguelo a un trozo de carne o a las hamburguesas; macháquelo y mézclelo con la salsa de carne para espesar y sazonar. Para hacer Bruschettas, unte ajo asado en rebanadas de baguette tostadas y decore con jitomates picados sazonados.

PURÉ DE PAPA A LOS TRES QUESOS HORNEADO

Precaliente el horno a 180°C (350°F). Engrase con mantequilla un recipiente para pay de 23 cm (9 in) de diámetro.

Vierta agua en una olla grande hasta obtener una profundidad de 2.5 cm (1 in) y hierva. Coloque las papas en una canasta vaporera plegable sobre el agua hirviendo. (El agua no deberá tocar la canasta. Tape y cocine al vapor hasta que al picar con un cuchillo pequeño se sientan tiernas, aproximadamente 15 minutos. Pase las papas a un recipiente.

Vacíe las papas y seque. Regrese las papas a la olla todavía caliente. Agregue dos tercios del queso Brie, dos tercios del queso de cabra y dos tercios del queso parmesano y aplaste con el prensador de papas. Agregue el ¼ de taza de leche y ¼ de cucharadita rasa de sal y ¼ de cucharadita de pimienta y aplaste la mezcla, agregando más leche, una cucharada a la vez, si se necesita para lograr la consistencia deseada. Pase las papas al platón preparado. Agregue los quesos restantes de forma pareja sobre las papas.

Hornee las papas hasta que estén calientes y el queso empiece a dorarse en la superficie, aproximadamente 20 minutos. Sirva de inmediato, adornando con el perejil.

Preparación por adelantado: Este platillo puede prepararse hasta 2 horas antes. Tape ligeramente y deje reposar a temperatura ambiente hasta el momento de hornear.

Para servir: Este puré es delicioso por lo que aconsejamos servirlo acompañado de un plato principal muy sencillo como salmón asado, pollo o chuletas de cordero.

RINDE: 6 PORCIONES

Mantequilla sin sal para engrasar

4 papas "Russet" o papas blancas, aproximadamente 1.25 kg (2½ lb) en total, peladas y cortadas en cubos de 12 mm (½ in)

140 g (4½ oz) de queso Brie sin cáscara, cortada en cubos de 12 mm (½ in)

170 g (5½ oz) queso fresco de cabra, en migas

¾ de taza (67 g/2¼ oz) queso parmesano rallado

¼ taza (60 ml/2 fl oz) de leche, más otra poca si es necesario

Sal kosher o sal de mar y pimienta recién molidar

2 cucharadas de perejil fresco (tipo italiano) picado

QUESO BRIE

Excesivamente suave, el queso Brie de color marfil es elaborado con leche de vaca pasteurizada o sin pasteurizar. La mayoría de los aficionados prefieren el preparado con leche sin pasteurizar, pero no se encuentra fácilmente fuera de Europa. El queso Brie se vende en círculos planos de varios tamaños. Su sabor suave, textura cremosa y parecido a la mantequilla complementa a los demás quesos en este platillo y lo convierte en un compañero natural para el puré de papa.

PURÉ DE PAPA CON CHIRIVÍA Y RÁBANOS

4 papas "Russet" o papas blancas, aproximadamente 1 kg (2 lb), peladas, cortadas en rodajas de 6 mm (¼ in) de grueso

3 chirivías, aproximadamente 375 g (¾ lb) en total, peladas y cortadas en rodajas de 6 mm (¼ in) de grueso

4 cucharadas (60 g/2 oz) de mantequilla sin sal, a temperatura ambiente

2 cucharadas de rábanos preparadas con crema blanca

Sal kosher o sal de mar y pimienta recién molida

⅓ taza (80 ml/3 fl oz) de crema semiespesa (media crema) o crema espesa (doble), más otra poca si es necesario.

En una olla grande vierta agua hasta tener una profundidad de 2.5 cm (1 in) y hierva. Ponga las papas y las chirivías en una canasta vaporera plegable y colóquela sobre el agua hirviendo (El agua no deberá tocar la parte inferior de la canasta). Tape y cueza al vapor aproximadamente 15 minutos hasta que al picar las verduras con un cuchillo pequeño se sientan suaves. Coloque las papas y las chirivías en un recipiente.

Vacíe la olla y seque. Regrese las verduras a la olla todavía caliente. Agregue la mantequilla, rábanos, 1 cucharadita de sal y ¼ de cucharadita de pimienta y presione con un prensador de papas hasta que estén suaves. Añada el ⅓ de taza de media crema e integre a la mezcla, agregando más media crema, una cucharada a la vez, si se necesita para lograr la consistencia deseada. Pase las papas a un recipiente y sirva de inmediato.

Preparación por adelantado: Este platillo se puede preparar hasta con 2 horas de anticipación. Cubra ligeramente y deje reposar a temperatura ambiente; después recaliente sobre calor bajo, moviendo constantemente, justo antes de servir.

RINDE: 4-6 PORCIONES

CHIRIVÍA

Es una raíz poco estimada que se parece a algunas zanahorias y tiene un sabor ligeramente suave. La chirivía puede cocinarse de la misma forma que las zanahorias: hervidas, al vapor, asadas. Sin embargo, a diferencia de la zanahoria, no se puede comer cruda. Trate de comprarlas sueltas y no en bolsa, ya que las que vienen empacadas generalmente no están frescas y, una vez peladas, a menudo son demasiado delgadas para poder usarse. La chirivía sabe mejor durante los meses del frío invierno cuando el hielo convierte su fécula en azúcar.

COLCANNON

En una olla grande vierta agua hasta tener una profundidad de 2.5 cm (1 in) y hierva. Ponga las papas en una canasta vaporera plegable y colóquela sobre el agua hirviendo. (El agua no deberá tocar la parte inferior de la canasta). Tape y cueza al vapor hasta que al picarlas con un cuchillo pequeño se sientan suaves, aproximadamente 15 minutos. Pase las papas a un recipiente.

Vacíe la olla y seque. Regrese las papas a la olla todavía caliente. Agregue ¼ de taza (60 g/2 oz) de la mantequilla, la leche, ¾ de cucharadita de sal y ¼ de cucharadita de pimienta y aplaste con un prensador de papas.

Derrita el ¼ de taza de mantequilla restante en otra olla grande sobre calor medio. Agregue el apio y las echalotas y saltee aproximadamente 5 minutos, hasta que las verduras empiecen a suavizarse. Agregue la col rizada y mueva sólo hasta que se marchite pero esté todavía verde brillante, cerca de 3 minutos. Incorpore la col y mueva hasta que esté ligeramente crujiente, aproximadamente 8 minutos. Espolvoree con la macis, y ¼ de cucharadita de pimienta. Tape y cocine hasta que se mezclen los sabores, cerca de 1 minuto. Integre la mezcla de col a las papas.

Recaliente las papas sobre calor bajo, moviendo continuamente, aproximadamente 5 minutos. Coloque en un recipiente, rocíe con los tallos de cebolla y sirva.

Nota: El Colcannon, elaborado con puré de papa, cebollas, col y col rizada es un platillo básico de la cocina irlandesa. Esta versión enriquecida presenta tres miembros de la familia de la cebolla.

RINDE: 6 PORCIONES

5 papas "Russet" o papas blancas, aproximadamente 1.25 kg (2½ lb) peladas y cortadas en cubos de 12 mm (½ in)

½ taza (120 g/4 oz) de mantequilla sin sal a temperatura ambiente

¼ de taza (60 ml/2 fl oz) de leche

Sal kosher o sal de mar y pimienta recién molida

1 poro grande, incluyendo su parte verde clara, partido a la mitad a lo largo, bien lavado (página 18) y finamente picado

4 echalotas grandes, finamente picadas

1 manojo de col rizada, aproximadamente 500 g (1 lb) bien lavada, sin tallo, (*ver explicación a la izquierda*) y picada gruesa

1 cabeza de col de aproximadamente 750 g (1½ lb), sin corazón y picada gruesa

⅛ de cucharadita de macis o nuez moscada en polvo

⅔ de taza (60 g/2 oz) de tallos de cebolla de cambray picados

PURÉ DE CAMOTE CON BOURBON Y PILONCILLO

6 batatas (camotes amarillos) aproximadamente 1.5 kg (3 lb) lavados y secos

4 cucharadas (60 g/2 oz) de mantequilla sin sal

3 cucharadas de azúcar

3 cucharadas de melaza o piloncillo

3 cucharadas de Bourbon

Sal kosher o sal de mar y pimienta recién molida

⅛ de cucharadita de pimienta de cayena

⅛ de cucharadita de nuez moscada rallada

Precaliente el horno a 200°C (400°F).

Pique cada batata varias veces con el tenedor. Colóquelos directamente en la rejilla del horno y hornee hasta que al picar con un cuchillo pequeño se sientan suaves, aproximadamente 45 minutos. O si desea, cocine en un horno de microondas a calor alto durante 8 minutos. Voltee las batatas y continúe la cocción cerca de 10 minutos más hasta que estén suaves.

Corte las batatas a la mitad a lo largo. Vacíe la pulpa a una olla grande y deseche las cáscaras. Agregue mantequilla, azúcar, piloncillo, bourbon, ½ cucharadita de sal, ¼ de cucharadita de pimienta, pimienta de cayena y nuez moscada. Aplaste con un prensador de papas. Recaliente las batatas sobre fuego bajo, moviendo constantemente, por aproximadamente 5 minutos. Coloque las batatas en un recipiente y sirva de inmediato.

Preparación por adelantado: Este platillo se puede preparar hasta con 2 horas de anticipación. Tape y deje reposar a temperatura ambiente. Caliente ligeramente sobre fuego bajo, moviendo constantemente, justo antes de servir.

Para servir: Sirva estas batatas al estilo sureño con pollo frito, milanesa de pollo o filetes de pescado rebozados.

RINDE: 4-6 PORCIONES

BOURBON

El Bourbon es un tipo de whiskey que lleva su nombre debido a una región del estado de Kentucky ubicada al Sur de los Estados Unidos. Elaborado a base de semillas fermentadas, en especial del maíz; es ligeramente dulce y combina muy bien con la melaza o piloncillo y batatas en esta receta. El Bourbon es un ingrediente comúnmente usado en la cocina en el Sur de Estados Unidos, donde aparece en recetas para salsa barbecue, semillas horneadas, pasteles y pies.

COCINANDO AL HORNO

Estas recetas para hornear y asar muestran que una de las mejores formas de cocinar papas es en el calor uniforme del horno. Ya sea que las prefiera horneadas y rellenas con espinaca y queso derretido; cortadas en gruesas rodajas y asadas hasta que estén doradas y crujientes o colocadas en capas formando un sabroso y burbujeante gratín, no hay otro vegetal que pueda satisfacer mejor nuestro apetito que una papa.

PAPAS HORNEADAS DOS VECES
CON ESPINACAS Y QUESO CHEDDAR

Coloque una rejilla en la parte superior del horno y precaliente a 200°C (400°F). Pique las papas con un tenedor y colóquelas directamente sobre la rejilla. Hornee hasta que al picarlas con un cuchillo pequeño se sientan suaves, durante aproximadamente 1 hora. Saque del horno y deje enfriar 5 minutos. Reduzca la temperatura del horno a 180°C (350°F).

Mientras tanto, en una olla grande y gruesa, derrita 2 cucharadas de mantequilla sobre fuego medio. Agregue el ajo y la echalota y saltee hasta que la echalota esté transparente, aproximadamente 3 minutos. Suba el calor a medio alto. Agregue la espinaca y mueva hasta que se marchite pero esté todavía verde brillante, cerca de 4 minutos. Con la ayuda de unas pinzas, pase la mezcla de espinacas por un cedazo colocado sobre un recipiente. Usando la parte posterior de una cuchara grande, presione para sacar todo el líquido de las espinacas.

Con ayuda de un cuchillo de sierra, corte una rebanada de 12 mm (½ in) a lo largo de un lado de la papa y deseche. Saque la pulpa de la papa y coloque en un recipiente grande, dejando una cáscara de 6 mm (¼ in) de grosor. Agregue la crema ácida, ½ cucharadita de sal, ¼ de cucharadita de pimienta y las 4 cucharadas (60 g/2 oz) restantes de mantequilla a la pulpa de la papa y presione con un prensador de papas para mezclar. Agregue ⅔ de taza (90 g/3 oz) del queso y después la espinaca. No mezcle demasiado, debe haber rayas de espinacas y queso. Coloque la mezcla en las cáscaras de papa con ayuda de una cuchara, dejándola que sobrepase el tamaño de la papa. Presione el resto del queso sobre el relleno, usando aproximadamente 1 cucharada generosa para cada papa.

Pase las papas a una charola de hornear y hornee hasta que estén totalmente calientes, cerca de 20 minutos. Para checar si ya están listas, introduzca un cuchillo pequeño en la papa y deje insertado durante 15 segundos. Retire el cuchillo y toque la cuchilla; si está caliente la papa estará lista. Sirva de inmediato.

RINDE: 4 PORCIONES

QUESO CHEDDAR

El queso Cheddar, originario de la aldea de Cheddar en Inglaterra, es apreciado por su sabroso sabor salado, que varía de suave a fuerte, dependiendo de su edad. Los quesos Cheddar de granja son más fuertes que las demás variedades. Aunque naturalmente, un cremoso blanco generalmente se tiñe color naranja con achiote. Otras combinaciones que pueden usarse en esta receta incluyen queso Fontina y arúgula (jaramago), queso de cabra y berro, y queso chihuahua y lechuga mostaza.

4 papas "Russet" o papas blancas grandes, aproximadamente 1.25 kg (2½ lb), lavadas y secas

6 cucharadas (90 g/3 oz) de mantequilla sin sal

2 dientes grandes de ajo, picados

1 echalota grande, picada

2 manojos de espinacas, frescas bien lavadas y sin tallos (página 34)

2 cucharadas de crema ácida

Sal kosher o sal de mar y pimienta recién molida

1 taza (125 g/4 oz) de queso cheddar empacado al vacío y desmenuzado

CAMOTES HORNEADOS CON MANTEQUILLA DE CHILE VERDE

Para hacer la mantequilla de chile verde, caliente el aceite de oliva sobre calor fuerte en una sartén para freír. Agregue los chiles poblanos y saltee hasta que estén tiernos y crujientes y empiecen a tener burbujas pero estén todavía de color verde brillante, aproximadamente 5 minutos. Pase los chiles a un recipiente y deje enfriar por completo. En un procesador de alimentos, combine el cilantro, cebollas de cambray, ajo, chiles jalapeños, orégano, ½ cucharadita de sal y ¼ de cucharadita copeteada de pimienta. Muela por aproximadamente 30 segundos hasta que estén finamente picados, bajando los restos que queden en las paredes del recipiente de vez en cuando. Incorpore la mantequilla y el jugo de limón y muela hasta integrar. Agregue los chiles poblanos y muela hasta que los chiles estén finamente picados. Reserve.

Precaliente el horno a 200°C (400°F). Pique cada camote varias veces con un tenedor. Colóquelos directamente sobre la rejilla del horno y hornee hasta que al picarlos con un cuchillo se sientan suaves, cerca de 45 minutos. Haga un corte vertical a lo largo en uno de los lados de cada camote. Presione los lados para abrir los camotes. Coloque una buena porción de la mantequilla de chile y sirva.

Preparación por adelantado: La mantequilla de chile se puede hacer hasta con 1 semana de anticipación, cubrirse y refrigerarse. Antes de usarse, deje reposar aproximadamente 1 hora a temperatura ambiente hasta que empiece a suavizarse.

Variación: Pruebe la mantequilla de chile sobre salmón asado o pechugas de pollo. También es deliciosa si se unta sobre pan o tortillas de maíz.

RINDE: 6 PORCIONES

VARIEDADES DE CHILE VERDE

El chile poblano fresco es un chile grande, de color verde oscuro con forma triangular y con un delicioso sabor suave. El chile poblano es erróneamente llamado chile pasilla en el mercado. (El verdadero chile pasilla es más largo, más delgado y de color café oscuro). Al secarse el chile poblano toma un tono café rojizo oscuro y se conoce con el nombre de chile ancho. El chile jalapeño, también usado en esta receta, es de aproximadamente 5 cm (2 in) de largo, suave, color verde oscuro (o rojo brillante cuando está demasiado maduro) y es picante. Si desea saber cómo desemillar y desvenar chiles vaya a la página 84.

REBANADAS ASADAS DE PAPA CON COSTRA DE AJO Y ROMERO

MIGAJAS DE PAN FRESCO:

Las migajas de pan fresco tienen un sabor delicado y su textura suave se convierte en una costra ligera para las papas. Para hacer las migajas frescas, use pan de levadura del día anterior. Corte las orillas y haga migajas del tamaño de un bocado y muela en una licuadora o un procesador de alimentos hasta que estén finamente molidas. Guarde las migajas que sobren en una bolsa de plástico con cierre hermético en el refrigerador hasta por 4 días.

En una olla grande con agua hirviendo con sal, cocine por aproximadamente 25 minutos las papas peladas hasta que al picarlas con un cuchillo pequeño se sientan un poco suaves. Escurra y deje enfriar; refrigere hasta que estén totalmente frías, por lo menos de 2 a 3 horas o hasta 1 día. Pele las papas y corte a lo largo en rodajas de 12 mm (½ in). Use las 3 rodajas centrales de cada papa. (Reserve las restantes para otro uso).

Precaliente el horno a 200°C (400°F). Engrase generosamente una charola de horno con el aceite vegetal en aerosol.

En una sartén gruesa para freír, caliente el aceite de oliva sobre calor medio bajo. Agregue el romero y el ajo picado, tape y cocine hasta que el ajo esté suave pero no dorado, aproximadamente 1 minuto. Integre la mostaza, ½ cucharadita de sal, ½ cucharadita de pimienta y retire del fuego. Añada las migajas de pan y mueva hasta que se cubran parejo. Incorpore el queso.

Coloque las rodajas en una superficie de trabajo. Barnice las superficies con una capa generosa de clara de huevo. Unte una cucharada de la mezcla de migajas sobre cada lado y presione para unir.

Hornee aproximadamente 8 minutos hasta que la capa de abajo esté crujiente. Coloque una pala de metal bajo cada rodaja y voltee con cuidado. Hornee hasta que estén doradas por la segunda cara, cerca de 5 minutos más. Pase a un platón, decore con las ramas de romero, si lo desea, y sirva.

RINDE: 4 PORCIONES

Sal Kosher o sal de mar y pimienta recién molida

4 papas "Russet" o papas blancas, aproximadamente 1.25 kg (2½ lb) lavadas

Aceite vegetal en aerosol

2 cucharadas de aceite de oliva

1 cucharada de romero fresco picado, más algunas ramas para decorar (opcional)

1 cucharada de ajo picado

1 cucharada de mostaza de Dijon

1½ taza (90 g/3 oz) de migajas de pan de levadura

½ taza (45 g/1½ oz) de queso parmesano rallado empacado al vacío

1 clara de huevo grande, batida a punto de turrón

DEDOS DE PAPA CON ESPECIAS

4 cucharaditas de comino
molido

1½ cucharaditas de
páprika dulce de Hungría

1½ cucharaditas de sal
kosher o sal de mar

1 cucharadita de pimienta
negra recién molida

½ cucharadita de pimienta
de cayena

½ cucharadita de ajo en
polvo

¼ de cucharadita de
clavos molidos

1½ tazas (375 g/12 oz) de
yogurt natural

2½ cucharadas de aceite
de oliva

1 kg (2 lb) de papas
alargadas (ver explicación
a la derecha), lavadas y
secas

Aceite de oliva en aerosol

¼ de taza (10 g/⅓ oz)
de menta finamente
desmenuzada o picada

En un tazón pequeño, combine el comino, páprika, sal, pimienta negra, pimienta de cayena, polvo de ajo y clavos. Mezcle hasta integrar por completo. Reserve.

En un recipiente combine el yogurt y 2 cucharaditas de la mezcla de especias para hacer el dip. Mezcle para incorporar. Cubra y refrigere por lo menos durante 2 horas o hasta 2 días.

Ponga el aceite de oliva en un tazón grande e incorpore el resto de la mezcla de especias. Haga 2 ó 3 cortes superficiales a lo largo de los lados de cada papa para hacer que penetren los condimentos. Coloque las papas en el tazón y mueva para cubrir por completo.

Precaliente el horno a 180°C (350°F). Engrase una charola de hornear gruesa con una capa generosa de aceite de oliva en aerosol. Coloque las papas sobre la charola dejando espacio para que no se toquen. Ase las papas durante 30 minutos aproximadamente. Con ayuda de unas pinzas, voltee cuidadosamente las papas. Continúe asándolas hasta que estén tiernas y doradas, cerca de 25 minutos más.

Coloque el recipiente con dip de yogurt en el centro de un platón. Coloque las papas alrededor de la salsa, decore con la menta y sirva.

Preparación por adelantado: Las papas pueden forrarse con la mezcla de especias hasta 4 horas antes. Deje reposar a temperatura ambiente, moviendo de vez en cuando, antes de hornear.

RINDE: 4 PORCIONES

DEDOS DE PAPA
Algunas variedades de papa se denominan dedos de papa debido a la forma delgada y larga parecida a un dedo de estos tubérculos. La más conocida es la rusa. Otras son "La Ratte, "Rose Finn Apple" y la "Ruby Crescent". Si no consigue dedos de papa, puede utilizar papas pequeñas, ya sean rojas o blancas que son una alternativa deliciosa.

MEDALLONES DE PAPA CON HINOJO Y PARMESANO

Precaliente el horno a 200°C (400°F). Engrase un refractario cuadrado de 20 cm (8 in).En una olla grande, mezcle la crema, leche, cebollín, estragón, tomillo, 1 cucharada de sal y ½ cucharadita de pimienta. Agregue a las papas y mueva para cubrir.

Corte el bulbo de hinojo en cuadros a lo largo y rebane finamente. Añada 2 tazas (185 g/6 oz) del hinojo picado a la olla. Corte las hojas reservadas y agregue 2 cucharadas a la olla.

Hierva la mezcla a fuego medio alto, durante 1 minuto moviendo ocasionalmente. Con ayuda de una cuchara ranurada, pase la mitad de la mezcla al refractario preparado. Espolvoree de manera uniforme la mitad del queso. Cubra con la mezcla restante. Vierta sobre las papas el líquido sobrante. Espolvoree uniformemente el resto del queso. Cubra el refractario con aluminio engrasado con mantequilla, colocando la cara engrasada hacia abajo.

Hornee las papas por aproximadamente 40 minutos. Destape y continúe horneando alrededor de 20 minutos más hasta que estén muy suaves; la crema burbujee y forme una salsa espesa y la superficie esté dorada. Deje reposar durante 10 minutos y sirva.

RINDE 6-8 PORCIONES

HINOJO

También conocido como hinojo dulce o finocchio, el hinojo tiene un sabor suave ligeramente parecido al anís. Los tallos crecen a sus lados formando un bulbo con capas sobrepuestas semejantes a las del apio tanto por su apariencia como por su textura. Las ramas frondosas se parecen ligeramente al eneldo fresco. Elija los bulbos de hinojo que estén suaves y con sus capas bien apretadas, sin ranuras o golpes. Cuando prepare el hinojo corte los tallos. Quite la capa de afuera del bulbo si está gruesa y corte todas las zonas descoloridas.

Mantequilla sin sal para engrasar

1½ tazas (375 ml/12 fl oz) de crema espesa (doble)

1 taza (250 ml/8 fl oz) de leche

¼ de taza (10 g/⅓ oz) de cebollín fresco picado

1 cucharada de estragón fresco picado

1 cucharadita de tomillo fresco picado

Sal kosher o sal de mar y pimienta recién molida

5 papas "Russet" o papas blancas pequeñas aproximadamente 1 kg (2 lb) peladas y cortada en rodajas de 3 mm (⅛ in) de grueso

1 bulbo de hinojo cortado, reservando sus hojas

1 taza (90 g/3 oz) de queso parmesano rallado empacado al vacío

CAMOTES GLASEADOS CON ALBARICOQUES AL GRATÍN

2¾ **tazas (685 ml/22 fl oz) de néctar de albaricoque**

2 **cucharadas de azúcar**

Sal kosher o sal de mar y pimienta recién molida

1 **pizca grande de pimienta de jamaica**

3 **batatas pequeñas (camotes de color naranja) aproximadamente 750 g (1½ lb)**

2 **camotes (de piel color canela) aproximadamente 500 g (1 lb)**

6 **cucharadas (90 ml/3 fl oz) de crema espesa (doble), más otra poca para rociar**

1 **cucharada de mantequilla sin sal cortada en pedazos pequeños, más otra poca para engrasar**

3 **cucharadas de cebollín fresco picado**

Precaliente el horno a 200°C (400°F). Engrase generosamente con mantequilla un refractario cuadrado de 20 cm (8 in).

En una sartén grande para freír combine el néctar de albaricoque, azúcar, ¾ cucharadita de sal, ⅛ de cucharadita de pimienta y pimienta de cayena y mezcle a integrar. Pele 1 de las batatas y corte a lo ancho en rodajas de 6 mm (¼ in.) Ponga en la sartén y mueva para cubrir. Repita con el resto de las batatas y los camotes.

Hierva la mezcla sobre fuego medio alto. Reduzca el calor a medio bajo, tape y hierva, moviendo de vez en cuando, hasta que empiecen a suavizarse, aproximadamente 8 minutos. Retire del fuego. Usando una cuchara ranurada, pase al refractario preparado. (Si desea, sobreponga las capas de batatas y camotes de una forma decorativa.) Reserve.

Regrese el líquido a la sartén para freír a calor medio alto y agregue las 6 cucharadas (90 ml/3 fl oz) de crema, cerca de 10 minutos. Vierta el líquido de forma pareja sobre las batatas y los camotes. Coloque los trozos de mantequilla sobre la superficie.

Hornee destapado, hasta que las batatas y los camotes estén muy tiernos, la superficie esté dorada en algunos lugares y el líquido se haya consumido casi por completo. Retire del horno y deje reposar durante 15 minutos. Sirva rociándolo de crema y decorando con bastante cebollín.

RINDE: 6 PORCIONES

CAMOTE:

El camote es la raíz comestible de una planta de la familia "Morning Glory". Algunos tienen la cáscara de color canela y la pulpa amarilla claro y cuando se cocinan tienen una textura harinosa, seca y esponjosa. Otras tienen cáscara rojo oscura o púrpura y su pulpa es color naranja fuerte y al cocinarse tienen una textura suave y húmeda y un sabor dulce. Estas últimas se conocen en Estados Unidos como batatas, aunque no son una batata realmente, la cual es una especie diferente del camote. La batata original es una cosecha importante en muchos países pero casi nunca se encuentra en los Estados Unidos.

TARTA DE PAPAS, JAMÓN Y QUESO GRUYERE

En una superficie ligeramente enharinada, extienda la pasta para pay formando un círculo de 33 cm (13 in.). Pase el círculo a un molde de pay de 23 cm (9 in.) con base desmontable. Corte lo que cuelgue dejando una orilla de 6 mm (¼ in) y dóblela hacia adentro, haciendo paredes de doble ancho. (Al hacer paredes doble ancho se refuerzan los lados de la costra de pay y también hace que suban ligeramente por encima del molde para contener mejor el relleno.) Pique la pasta por todos lados con un tenedor. Refrigere la costra durante 30 minutos.

Cueza en Blanco la costra (*ver explicación a la izquierda*). Deje enfriar sobre una rejilla de alambre. Baje la temperatura del horno a 190°C (375°F).

Para hacer el relleno, cocine las papas sin pelar en una olla de agua hirviendo con sal hasta que al picarlas con un cuchillo pequeño se sientan suaves, aproximadamente 30 minutos. Escurra y deje enfriar. Pele y corte en cubos de 9 mm (⅓ in).

En una sartén gruesa para freír derrita la mantequilla sobre calor medio alto. Agregue las echalotas y el tomillo y saltee hasta que las echalotas estén transparentes, aproximadamente 2 minutos. Añada 1 taza (155 g/5 oz) de los cubos de papa (reserve el resto para otro uso). Mueva los cubos hasta cubrirlos bien con la mezcla de echalotas, aproximadamente 1 minuto. Retire del fuego e integre el jamón.

En un tazón pequeño bata la crema con el huevo, ¼ de cucharadita de sal, ¼ de cucharadita de pimienta y nuez moscada.

Extienda uniformemente sobre la costra la mezcla de papas. Cubra con el queso y vierta la mezcla de crema cubriendo la superficie por completo. Hornee la tarta hasta que la superficie empiece a dorarse y el centro esté firme, cerca de 15 minutos. Retire del horno y deje enfriar sobre una rejilla 15 minutos. Empuje con cuidado la base del molde hacia arriba para desprender la tarta de las orillas del molde. Aún con la base del molde desmontable coloque en un platón. Sirva caliente o a temperatura ambiente.

RINDE DE 6 A 8 PORCIONES

COCIMIENTO EN BLANCO

También llamado pre-hornear, significa hornear parcial o totalmente una costra de pay o tarta antes de rellenarla. Para hornearla parcialmente (como en esta receta), precaliente el horno a 220°C (425°F). Coloque una capa de papel aluminio sobre la pasta refrigerada dentro del molde. Haga que el aluminio tome la forma del molde, cubriendo totalmente la pasta y llene con pesas para pay (ver foto arriba) o frijoles secos. Hornee hasta que las orillas estén firmes pero no doradas, aproximadamente 15 minutos. Retire del horno y quite el peso y el papel aluminio. Vuelva a meter al horno y continúe horneando hasta que esté ligeramente dorada, picando cualquier burbuja que se forme con la ayuda de un tenedor, aproximadamente 8 minutos más.

PARA EL RELLENO:

1 receta de pasta para pay fría (página 110)

Sal kosher o sal de mar y pimienta recién molida

1 papa "Russet" o papa blanca de aproximadamente 250 g (½ lb) lavada

1 cucharada de mantequilla sin sal

2 echalotas picadas

½ cucharadita de tomillo fresco molido

105 g (3½ oz) de jamón horneado tipo "Black Forest" cortado en cubos de 9 mm (⅓ in) (aproximadamente ¾ de taza)

½ taza (125 ml/4 fl oz) más otro poco de crema espesa (doble)

1 huevo grande

1 pizca grande de nuez moscada recién molida

⅔ de taza (75 g/2½ oz) de queso Gruyere desmenuzado empacado al vacío

FOCACCIA DE PAPA CON ACEITUNAS E HIGOS

3 tazas (750 ml/24 fl oz) de agua

1 papa "Russet" o papa blanca grande aproximadamente de 315 g (10 oz) pelada y cortada en cubos de 12 mm (½ in)

1 cucharada de miel

1 paquete (2½ cucharaditas de levadura seca activa)

2 cucharadas de aceite de oliva extra virgen más otro poco para rociar (opcional)

Sal kosher o sal de mar

Aproximadamente 3 tazas y ¾ (590 g/19 oz) de harina de trigo

125 g (¼ lb) de aceitunas "Kalamata" sin hueso (página 73) y picadas grueso (aproximadamente ¾ de taza)

125 g (¼ lb)de higos de "Calimyrna", sin tallo y picados grueso (aproximadamente ¾ de taza)

2 cucharadas de semillas de cilantro, tostadas (página 115)

En una olla gruesa pequeña hierva agua sobre fuego alto. Agregue los cubos de papa a cocer hasta que estén suaves, aproximadamente 12 minutos. Usando una espumadera, pase las papas a un recipiente plano; reservando el agua en que las coció. Vierta 1 taza (250 ml/8 fl oz) del agua de las papas al procesador de alimentos y agregue la miel. Deje reposar hasta que esté tibia (46°C/115°F) aproximadamente 20 minutos. Deseche el resto del agua. Rocíe la levadura sobre el agua en el procesador de alimentos. Deje reposar hasta que esponje, cerca de 8 minutos.

Aplaste las papas con un prensador de papas y retire ⅔ de taza (155 g/5 oz) de este puré. Agréguelo al procesador de alimentos con 1 cucharada de aceite de oliva y 1½ cucharadita de sal. Mezcle hasta integrar, aproximadamente 5 segundos. Agregue 3 tazas (470 g/15 oz) del harina y muela hasta que se formen grumos húmedos. Añada las aceitunas y los higos y pulse 6 veces. Mezcle la masa con una espátula para distribuir las aceitunas y los higos y pulse otras 6 veces más.

Agregue ¼ de taza (45 g/1½ oz) de la harina a la superficie de trabajo. Coloque la masa en la superficie y voltee para cubrir con la harina. Amase suavemente hasta que esté suave, agregando más harina si es necesario, aproximadamente 3 minutos. Forme una bola, cubra y deje reposar durante 30 minutos.

Espolvoreé una charola de hornear gruesa de 45 x 30 cm (18 x 12 in) con 3 cucharadas de harina. Pase la masa a la charola preparada. Amase y estire (la masa) hasta que cubra casi por completo la charola y barnice con la cucharada restante de aceite. Presione la masa con las yemas de los dedos para formar hoyuelos. Rocíe las semillas de cilantro y ¾ de cucharadita de sal. Cubra con toallas de cocina y deje que esponje hasta que esté ligera e inflada, aproximadamente 1 hora.

Precaliente el horno a 200°C (400°F). Hornee hasta que esté dorada, aproximadamente 20 minutos. Pase a una rejilla y deje enfriar durante 15 minutos. Rocíe con aceite de oliva si lo desea y sirva caliente o a temperatura ambiente.

RINDE 8 – 10 PORCIONES

LEVADURA

La levadura es una sustancia que hace que el pan se fermente. Consume los azúcares de la masa y suelta burbujas de dióxido de carbono que hace que la masa crezca y "suba". Para asegurarse que la levadura está activa y levantará la masa, debe probarse. Para probar la levadura, deje que se disuelvan los gránulos en agua tibia a la cual usted habrá añadido una pizca de azúcar o un poco de miel como alimento para la levadura. La levadura se hará espumosa. Use levadura seca activa, para lograr mejores resultados en esta receta. No utilice levadura instantánea.

PLATO PRINCIPAL

Un vegetal admirado a diario por su poder perdurable, la papa, es una muy buena elección para usarse como plato principal. Su sabor neutro la hace tan fácil de combinar con otros ingredientes que existe una infinidad de combinaciones deliciosas. Pero lo que hace a la papa tan atractiva es su papel como alimento inigualable al paladar, tan conocido, satisfactorio y vigorizante.

GNOCCHI DE PAPA AL PESTO

Para hacer los gnocchis, cueza las papas sin cáscara en una olla grande con agua hirviendo con sal, hasta que al picarlas con un cuchillo pequeño se sientan suaves, aproximadamente 30 minutos. Escurra y deje enfriar. Pele y en un recipiente grande. Agregue el queso parmesano, 1¼ cucharaditas de sal y nuez moscada y presione con un prensador de papas. Deje enfriar hasta que esté ligeramente tibio, agregue el huevo y la taza (155 g/5 oz) de harina. Amase la pasta, agregando más harina, 1 cucharada a la vez, según se necesite, hasta que se forme una pasta suave, pareja y ligeramente pegajosa, aproximadamente 3 minutos. Deje reposar 5 minutos y divida en 6 partes iguales. Coloque sobre una superficie ligeramente enharinada, usando las palmas de su mano para enrollar cada porción haciendo un lazo de 2 cm (¾in) de ancho. Corte los lazos en pedazos de 2.5 cm (1 in). Para formar los gnocchis, pase cada pedazo sobre los dientes de un tenedor grande o por debajo de un batidor de alambre para hacer ranuras.

En una olla grande con suficiente agua hirviendo con sal, cocine las habichuelas verdes hasta que estén tiernas pero crujientes, aproximadamente 3 minutos. Usando un colador pase las habichuelas verdes a un escurridor.

Cocine los gnocchis en 2 tandas en la misma olla de agua hirviendo hasta que estén apenas suaves, moviendo a menudo para evitar que se peguen, aproximadamente 5 minutos por tanda. Usando el colador, pase a una charola de hornear.

Coloque el pesto y el queso parmesano rallado en un recipiente grande. En una sartén grande para freír, derrita la mantequilla sobre fuego medio alto. Agregue los gnocchis y saltee hasta que estén completamente calientes, cerca de 5 minutos. Agregue las habichuelas verdes y mueva durante 1 minuto. Pase los gnocchis y habichuelas verdes al recipiente con pesto y queso y mueva para cubrir.

Divida en 4 platos individuales. Si desea, adorne con láminas de queso parmesano y hojas de albahaca y rocíe con crema. Sirva de inmediato.

RINDE 4 PORCIONES

PESTO

En un procesador de alimentos, combine ½ taza (45 g/1½ oz) de queso parmesano rallado; 1 diente de ajo grande, partido a la mitad; ½ cucharadita de sal kosher o sal de mar y ¼ de cucharadita de pimienta. Muela hasta picar el ajo. Agregue 2 tazas (60 g/2 oz) de hojas de albahaca frescas y ¼ de taza (30 g/1 oz) de piñones tostados (página 115) y muela hasta que la albahaca esté finamente molida. Con el procesador encendido, agregue gradualmente ½ taza (125 ml/4 fl oz) de aceite de oliva y mezcle hasta que esté casi suave.Pase a un recipiente pequeño, tape y refrigere. Si desea guardarlo hasta por 1 semana, agregue más aceite de oliva sobre el pesto formando una capa de 6 mm (¼ in) de aceite.

PARA LOS GNOCCHIS:

Sal kosher o sal de mar

3 papas "Russet" o papas blancas aproximadamente 750 g (1½ lb) en total, lavadas

2 cucharadas de queso parmesano rallado

⅛ de cucharadita de nuez moscada recién molida

1 huevo grande batido

1¼ tazas (200g/6½ oz) de harina de trigo (simple), más otra poca si se necesita

185 g (6 oz) de ejotes verdes u otras leguminosas delgadas y pequeñas

½ taza (125 ml/4 fl oz) de Pesto (*ver explicación a la izquierda*)

½ taza (45 g/1½ oz) de queso parmesano rallado, más unas láminas de queso rasurado para adornar (opcional)

6 cucharadas de mantequilla sin sal (90 g/3 oz)

Hojas de albahaca fresca para adornar (opcional)

Crema espesa (doble) para rociar (opcional)

BLINTZES DE PURÉ DE PAPA

PARA LOS BLINTZES:

1½ taza (375 ml/12 fl oz) de agua

4 huevos grandes

1 cucharada de azúcar

Sal kosher o sal de mar

1½ taza (235 g/7½ oz) de harina de trigo

aceite vegetal para barnizar

PARA EL RELLENO:

4 papas "Russet" o papas blancas grandes, aproximadamente 1.25 kg (2½ lb)

3 cucharadas de crema agria

2 cucharadas de mantequilla sin sal

Sal kosher o sal de mar y pimienta recién molida

1 huevo grande batido

Cebollas caramelizadas (ver explicación a la derecha)

Aproximadamente ½ taza (125 ml/4 fl oz) de aceite vegetal

Crema agria para servir

Para hacer los blintzes, combine en una licuadora el agua, huevos, azúcar, 1 cucharadita de sal y ½ taza (75 g/2½ oz) de harina. Mezcle hasta que esté suave. Agregue la harina sobrante en dos tandas, mezclando después todo junto. Deje reposar a temperatura ambiente de 1 a 2 horas.

Caliente una sartén antiadherente de 25 cm (10 in) sobre calor medio alto. Barnice con aceite vegetal. Vierta 3 cucharadas de pasta y mueva inmediatamente la sartén de lado a lado, de manera que la pasta cubra toda la superficie de manera uniforme. Cocine hasta que las orillas empiecen a dorarse y enroscarse, aproximadamente 45 segundos. Coloque la blintz sobre un plato cubierto con toallas de papel y cubra con otra toalla de papel. Repita la operación hasta terminar con toda la pasta barnizando la sartén con aceite cada vez y apilando los blintzes entre toallas de papel. Deberá tener doce blintzes de 18 de 20 cm (7 – 8 in).

Hornee las papas como se explica en la página 111. Córtelas a la mitad y vacíe su pulpa en un recipiente grande. Agregue la crema ácida y mantequilla y presione. Sazone con sal y pimienta. Deje enfriar hasta que esté tibio e integre el huevo.

Ponga 1 blintz sobre una superficie de trabajo, con la cara cocida hacia arriba. Agregue 3 cucharadas del puré formando un rollo de 7.5 cm (3 in) justo debajo del centro del blintz. Cubra con una cucharada de cebolla caramelizada. Doble un lado sobre el relleno y después los demás, cubriendo el relleno por completo. Repita con el resto de los blintzes, dejando algunas cebollas para decorar.

Divida la ½ taza de aceite vegetal entre 2 sartenes grandes para freír con teflón y caliéntelas sobre fuego medio. Agregue los blintzes a las sartenes, poniendo sus orillas hacia abajo. Tape y cocine hasta que estén doradas y totalmente calientes de un lado, aproximadamente 5 minutos. Destape, voltee los blintzes y continúe cocinando hasta que estén dorados y bien calientes por el otro lado. Coloque 2 blintzes en cada plato individual. Sirva caliente, decorando con más crema agria y las cebollas que reservó.

RINDE 6 PORCIONES

CEBOLLAS CARAMELIZADAS

Los vegetales como la cebolla, el betabel y la zanahoria se caramelizan al sobre cocinarlas. Esto hace que sus azúcares naturales desarrollen un dulzor menos puro y un sabor más complejo. Para hacer suficientes cebollas caramelizadas para esta receta, parta 1.25 kg (2½ lb) de cebollas amarillas o blancas a la mitad. En una sartén grande para freír, caliente ¼ de taza (60 ml/2 fl oz) de aceite vegetal sobre calor medio. Agregue las cebollas y saltee, moviendo constantemente, hasta que estén bien doradas, aproximadamente 30 minutos. Rocíe con sal y pimienta al gusto y saltee 3 minutos más. Deje enfriar antes de usar.

PAY DE CORDERO Y HONGOS SILVESTRES DEL PASTOR

Precaliente el horno a 180°C (350°F). Para hacer el relleno, corte el cordero en piezas de 12 mm (½ in) quite la base de los hongos y pique en pedazos de 2 cm (¾ in). En un recipiente grande mezcle la harina, ¾ de cucharadita de sal, ½ cucharadita de pimienta y la pimienta de cayena. Agregue el cordero y mueva para cubrir en forma pareja. En una sartén antiadherente grande, caliente 2 cucharadas de aceite de oliva sobre fuego medio alto. Agregue el cordero y saltee por aproximadamente 10 minutos, hasta que esté bien dorado. Pase a un recipiente. Agregue la cucharada restante de aceite a la sartén. Añada las echalotas y el ajo y revuelva sobre calor medio alto durante 1 minuto. Agregue los hongos y la hoja de laurel y saltee hasta que esté bien dorada, cerca de 6 minutos.

Regrese el cordero a la sartén; incorpore el consomé y la pasta de tomate y hierva. Reduzca la temperatura a medio baja, tape y deje hervir hasta que el cordero esté suave, aproximadamente 45 minutos. Destape y deje hervir a fuego lento durante 2 minutos aproximadamente, hasta que los jugos se espesen. Pase el relleno a un molde de pay de 23 cm (9 in).

Para preparar la cubierta, vierta agua hasta tener una profundidad de 2.5 cm (1 in) en una olla grande y hierva. Pele y rebane las papas en rodajas de 6 mm (¼ in). Coloque en una vaporera plegable sobre agua hirviendo. (El agua no deberá tocar la base de la vaporera.) Cubra y cueza hasta que al picar con un cuchillo pequeño se sientan suaves, aproximadamente 12 minutos. Pase a un recipiente grande. Agregue la leche, mantequilla, ½ cucharadita de sal y pimienta al gusto. Haga un puré con el prensador de papas. Incorpore la mitad del cebollín. Coloque sobre la mezcla de cordero para cubrir por completo.

Hornee el pay hasta que esté totalmente caliente y las papas empiecen a dorarse, aproximadamente 35 minutos. Rocíe con el resto del cebollín y sirva.

RINDE 4 PORCIONES

PARA EL RELLENO:

1 kg (2 lb) de chuletas de cerdo de espaldilla, sin grasa ni hueso

500 g (1 lb) de hongos silvestres variados como "Cremini", "Portobello" y "Shiitake"

2 cucharadas de harina de trigo

Sal kosher o sal de mar y pimienta recién molida

½ cucharadita de pimienta de cayena molida

3 cucharadas de aceite de oliva

3 echalotas grandes, picadas

3 dientes de ajo grandes, picados

1 hoja de laurel turca (página 10), picada

1¾ tazas (430 ml/14 fl oz) de consomé de res (página 111)

1 cucharada de pasta de tomate o puré espeso

PARA LA CUBIERTA:

6 papas "Yukon" doradas chicas 750 g (1½ lb)

⅓ de taza (80 ml/3 fl oz) de leche

4 cucharadas (60 g/2 oz) de mantequilla

Sal kosher o sal de mar y pimienta recién molida

¼ de taza (10 g/⅓ oz) de cebollín fresco

GALLETAS DE PAPA CON SALMÓN AHUMADO

4 papas "Russet" o papas blancas, aproximadamente 1 kg (2 lb)

8 cucharadas de mantequilla sin sal, derretida (125 g/4 oz)

10 cucharadas (30 g/1 oz) de cebollín fresco picado, más un poco de cebollín entero para adornar

Aceite vegetal en aerosol

1 taza (250 g/8 oz) de créme fraîche (página 113) o crema agria

Sal kosher o sal de mar y pimienta recién molida

240 g (8 oz) de salmón ahumado finamente rebanado

Precaliente el horno a 220°C (425°F). Pele 1 papa. Usando un rallador por el lado de la ralladura gruesa, ralle la papa a un recipiente preparado con una capa doble de toallas de papel. Exprima la papa con las toallas de papel y regrésela al recipiente. Agregue 1 cucharada de la mantequilla derretida y 1 cucharada de cebollín picado. Mezcle.

Engrase con el aceite en aerosol una sartén gruesa con teflón de 25 cm (10 in). Agregue ½ cucharada de mantequilla y caliente sobre fuego medio. Agregue la mezcla de papas y con ayuda de una espátula de plástico a prueba de calor, presione para formar un círculo plano de aproximadamente 18 cm (7 in) de diámetro. Cocine, presionando ocasionalmente con la espátula, hasta que se dore ligeramente, aproximadamente 5 minutos. Desprenda la galleta y póngala en un plato. Coloque otro plato invertido sobre ella y voltee. Caliente ½ cucharada de mantequilla en la misma sartén. Regrese la galleta a la sartén para dorar por el otro lado. Presione con la espátula y cocine hasta que dore, aproximadamente 5 minutos. Resbale la galleta a una charola de hornear grande. Repita con las papas restantes, preparando una por una, para hacer 3 galletas más.

Mezcle la créme fraîche y las 6 cucharadas restantes (15 g/½ oz) de cebollín en un recipiente pequeño. Reserve.

Hornee las galletas 5 minutos. Volteé y continúe horneando hasta que estén crujientes y doradas, aproximadamente 6 minutos más. Pase las galletas a platos individuales. Rocíe con sal y pimienta al gusto; cubra cada una con 60 g (2 oz) de salmón ahumado en rebanadas y la créme fraîche con cebollín. Decórelas con cebollín entero y sirva.

RINDE 4 PORCIONES

SALMÓN AHUMADO

El salmón ahumado siempre es una delicia. Para esta receta recomendamos utilizar el inglés o el escocés, que son dos tipos de salmón ahumado en frío del Atlántico. Para ahumarlo en frío se frota el salmón con un sazonador, curado en seco y ahumado a temperaturas de 21° a 32°C (70° - 90°F) durante un día o hasta períodos de varias semanas, dependiendo del grado de ahumado que se desee. El salmón ahumado de las tiendas de especialidades judías también se ahuma en frío después de salar. A menudo es más salado pero también puede servir para esta receta.

PIEROGI DE PAPA CON COL MORADA Y QUESO FETA

PASTA PARA GYOZA

La pasta para gyoza son pequeños círculos usados para hacer ravioles japoneses. Parecen wonton chinos o pot sticker wrappers, pero éstos son redondos y los wonton cuadrados. Se venden en la sección refrigerada de las tiendas de especialidades culinarias o supermercados. Tradicionalmente, los pierogi se elaboran con pasta casera hecha a mano, pero los comprados son un buen sustituto que facilita la receta. Se puede usar pasta cuadrada si no encuentran los redondos.

Hornee las papas siguiendo las instrucciones de la página 111 ó, si lo desea, cocínelas en el microondas a calor alto hasta que estén suaves, aproximadamente 4 minutos por cada lado. Retire del horno y deje enfriar 5 minutos. Corte las papas a la mitad; ahueque; saque la pulpa y colóquela en un recipiente grande. Agregue ¾ de taza (90 g/3 oz) del queso feta, el yogurt y ¼ de cucharadita de pimienta. Machaque. Agregue la yema de huevo hasta integrar por completo.

Mientras las papas se están horneando o cociendo, prepare la coliflor. En una sartén grande y gruesa derrita la mantequilla sobre calor medio. Agregue las semillas de alcaravea y saltee hasta que aromaticen, aproximadamente 1 minuto. Añada la col y la cebolla y saltee hasta que estén suaves, cerca de 10 minutos. Agregue la jalea, vinagre, ½ cucharadita de sal y ¼ de cucharadita de pimienta. Hierva a fuego lento hasta que los jugos espesen, cerca de 5 minutos. Reserve.

Para hacer las pierogi, prepare una charola de horno con papel encerado o papel especial para hornear. En un recipiente pequeño bata la clara de huevo hasta que esponje. En una superficie de trabajo ponga un círculo de pasta de gyoza, barnice la superficie con clara de huevo y ponga una cucharada rasa de relleno de papa en el centro. Doble la gyoza, haciendo un medio círculo, y presione las orillas para sellar. Coloque sobre la charola de horno preparada. Repita la operación con los demás círculos de gyoza.

En una olla grande con agua hirviendo con sal, cocine las pierogi hasta que estén suaves, aproximadamente 5 minutos. Escurra. Derrita la mantequilla en una sartén grande sobre calor medio y reserve. Agregue los pierogi a la sartén y saltee sobre fuego medio alto hasta que empiecen a dorarse, aproximadamente 5 minutos.

Mientras tanto, recaliente la col morada sobre calor medio durante 5 minutos. Divida entre 4 platos individuales o tazones planos grandes. Sirva las pierogi alrededor de la col, rocíe con pimienta y el queso restante y sirva.

RINDE 4 PORCIONES

2 papas "Russet" o papas blancas, aproximadamente 500 g (1 lb)

155 g (5 oz) de queso feta, en moronas (aproximadamente 1½ tazas)

2 cucharadas de yogurt natural

Pimienta recién molida

1 huevo grande, separado

PARA LA COL:

2 cucharadas de mantequilla sin sal

1 cucharadita de semillas de alcaravea

1 col morada pequeña, de aproximadamente 500 g (1 lb) en total, sin centro y finamente rebanada (aproximadamente 6 tazas)

½ cebolla morada, rebanada muy finamente

2 cucharadas de jalea de manzana o manzana silvestre

1 cucharada de vinagre de sidraSal kosher o sal de mar y pimienta recién molida

24 círculos de pasta gyoza (ver explicación a la izquierda)

6 cucharadas (90 g/3 oz) de mantequilla sin sal

CROQUETAS DE PAPA, TRUCHA AHUMADA Y PORO

PARA LA SALSA TÁRTARA:

½ taza (125 ml/4 fl oz) de mayonesa

½ taza (125 g/4 oz) de crema agria

1 cucharada de alcaparras escurridas y picadas

1 cucharada de pepinillos miniatura o Cornichons

1 cucharada de estragón fresco picado

1 cucharada de vinagre de vino blanco al estragón

PARA LAS CROQUETAS:

3 papas "Russet" o papas blancas grandes aproximadamente 1 kg (2 lb)

1 poro grande

8 cucharadas (125 g/4 oz) de mantequilla sin sal

2 cucharaditas de estragón fresco picado

Sal kosher o sal de mar y pimienta fresca molida

185 g (6 oz) de filetes de trucha limpios

2 huevos grandes

2 tazas (120 g/4 oz) de migajas de pan fresco (de aproximadamente 6 rebanadas) (página 44)

½ taza (75 g/2½ oz) de harina de trigo

Para preparar la salsa tártara, combine la mayonesa, crema agria, alcaparras, pepinillos, estragón y vinagre de estragón en un recipiente pequeño y mezcle bien. Cubra y refrigere.

Hornee las papas como se explica en la página 111 ó, si lo desea, cocínelas en el horno de microondas a temperatura alta hasta que estén suaves, de 6 a 8 minutos por lado. Retire del horno y deje enfriar durante 5 minutos. Corte las papas a la mitad y ahueque; saque la pulpa y colóquela en un recipiente grande. Presione usando un prensador de papas. Mida 1½ tazas (374 g/12 oz) del puré y pase a un recipiente grande. (Reserve el resto para otro uso.)

Lave el poro (página 18) y rebane finamente, incluyendo las partes verde claro. En una sartén pequeña derrita 2 cucharadas de la mantequilla sobre calor medio. Agregue el poro y saltee hasta que esté muy suave, aproximadamente 5 minutos. Integre el poro al puré; agregue el estragón, ½ cucharadita de sal y ¼ de cucharadita de pimienta. Añada la trucha e integre 1 de los huevos y ½ taza (30 g/1 oz) de pan. Para hacer las croquetas, divida la mezcla en 4 porciones iguales y forme una croqueta de 2 cm (¾ in) de grueso con cada porción.

En tres recipientes separados coloque la harina, el huevo y la 1½ tazas (90 g/3 oz) de migajas de pan restantes. Con ayuda de un tenedor, bata el huevo. Pase cada croqueta por la harina, después por el huevo y por último por las migajas de pan, presionando para que se adhieran bien.

En una sartén grande derrita las 6 cucharadas (90 g/3 oz) restantes de mantequilla sobre calor medio. Agregue las croquetas y cocine volteando una vez, hasta que estén crujientes, doradas y bien calientes, aproximadamente 6 minutos por cada lado. Pase las croquetas a un platón o a platos individuales y sirva acompañando con la salsa tártara.

Para Servir: si desea, decore cada croqueta con una gota pequeña de salsa tár-tara, salmón extra ahumado y una rama de estragón fresco.

RINDE 4 PORCIONES

ESTRAGÓN

El estragón, una hierba con un color brillante parecida al anís, es muy apreciada en la cocina francesa. Fácil de reconocer por sus hojas delgadas y puntiagudas de color verde oscuro, el estragón se puede encontrar más fácilmente en el verano y principios de otoño. Si no lo consigue fresco, el estragón seco (a diferencia de muchas hierbas secas) puede ser un muy buen sustituto.

TORTILLA ESPAÑOLA CON SALSA ROMESCO

Para preparar la salsa romesco, caliente el aceite de oliva en una sartén gruesa sobre calor medio alto. Agregue el ajo y saltee hasta que aromatice, aproximadamente 30 segundos. Agregue los pimientos, tomates, almendras y pimienta de cayena. Hierva a fuego lento para mezclar los sabores, aproximadamente 5 minutos. Pase a un procesador de alimentos o licuadora y agregue el vinagre, pasta de tomate, ½ cucharadita de sal y ¼ de cucharadita de pimienta negra. Licue hasta hacer un puré suave. Reserve. Recaliente para servir.

Para hacer la tortilla, caliente 2 cucharadas de aceite de oliva en una sartén grande para horno sobre calor medio alto. Agregue la cebolla rebanada y saltee hasta que esté transparente, aproximadamente 5 minutos. Añada las papas, ½ cucharadita de sal y ¼ de cucharadita de pimienta negra y mezcle para integrar. Agregue ¼ de taza (60 ml/2 fl oz) de agua. Cubra, reduzca el calor a medio bajo y cocine, moviendo de vez en cuando, hasta que las papas estén suaves, aproximadamente 20 minutos. Destape y hierva a fuego lento hasta que se evapore todo el líquido, cerca de 2 minutos. Pase a un recipiente y deje enfriar, alrededor de 30 minutos. Limpie la sartén y reserve.

En un recipiente grande, bata los huevos, la cebolla picada, media cucharadita de sal y ¼ de cucharadita de pimienta negra. Agregue las papas y bata para mezclar perfectamente.

Precaliente el asador (parrilla). Rocíe la sartén que reservó con aceite vegetal para cocinar en aerosol. Agregue la cucharada restante de aceite y caliente sobre calor medio alto durante 1 minuto. Añada la mezcla de papas, esparciendo uniformemente. Cocine, sin tapar, agitando la sartén ocasionalmente y desprendiendo los lados con una espátula, hasta que se doren, aproximadamente 8 minutos. Coloque la sartén bajo el asador a unos 10 a 13 cm (4-5 in) del calor. Ase alrededor de 4 minutos hasta que la superficie esté firme y empiece a dorarse. Deslice la tortilla a un plato. Coloque una fuente invertida sobre ella y voltee la fuente y el plato al mismo tiempo. Quite el plato. Sirva caliente o a temperatura ambiente con la salsa caliente.

RINDE 6 PORCIONES

ASANDO LOS PIMIENTOS

Al asar los pimientos se desprende su piel y permite que se puedan pelar al mismo tiempo que da un sabor ahumado. Para asarlos, deténgalos sobre la flama con ayuda de unas pinzas o un tenedor grande, o póngalos directo sobre una hornilla de la estufa. Voltee según se necesite hasta que se formen ámpulas y estén negros por todos lados, de 10 a 15 minutos. O, si lo desea, colóquelos bajo un asador precalentado lo más cerca posible del calor, volteándolos para carbonizarlos por todos lados. Páselos a una bolsa de plástico ligeramente cerrada y deje reposar hasta que se enfríen, de 15 a 30 minutos. Pele o frote la piel carbonizada.

PARA LA SALSA DE ROMESCO:

¼ de taza (60 ml/2 fl oz) de aceite de oliva

2 dientes de ajo grandes, picados

2 pimientos rojos grandes, asados (*ver explicación a la izquierda*) pelados, desemillados y picados

⅓ de taza (60 g/ 2 oz) de tomate en trozos en conserva

2 cucharadas de almendras rebanadas (hojuelas), tostadas (página 115)

⅛ de cucharadita de pimienta de cayena

4 cucharaditas de vinagre de jerez

1 cucharada de pasta de tomate o puré espeso

Sal kosher o sal de mar y pimienta negra recién molida

PARA LA TORTILLA:

3 cucharadas de aceite de oliva

3 tazas (345 g/11 oz) de cebolla amarilla finamente rebanada, más ⅓ de taza (60 g/2 oz) finamente picada

3 papas "Russet" o papas blancas aproximadamente 750 g (1½ lb) peladas y cortadas en rebanadas de 3 mm (1/8 in)

Sal kosher o sal de mar y pimienta negra recién molida

6 huevos grandes

Aceite vegetal para cocinar en aerosol

PISSALADIERE DE PAPA Y CEBOLLA

Sal kosher o sal de mar y pimienta molida grueso

2 papas "Russet" o papas blancas pequeñas, aproximadamente 375 g (¾ lb) lavadas

¼ de taza (60 ml/2 fl oz) de aceite de oliva

1 kg (2 lb) de cebollas amarillas o blancas, partidas a la mitad a lo largo y finamente rebanadas

2 cucharaditas de tomillo fresco picado

1 receta de pasta de Pay, fría (página 110)

180 g (6 oz) de queso de cabra fresco, en migajas, aproximadamente 1½ tazas

12 aceitunas Kalamata, deshuesadas y partidas a la mitad

8 filetes de anchoas, partidos a la mitad a lo ancho

En una olla grande con agua hirviendo con sal, hierva las papas enteras con cáscara hasta que al picarlas con un cuchillo pequeño se sientan suaves, aproximadamente 25 minutos. Pase a un colador para escurrir. Cuando se enfríen, pele y rebane finamente. Reserve.

En una sartén gruesa y grande, caliente el aceite de oliva sobre calor medio alto. Agregue las cebollas y saltee, moviendo constantemente, hasta que empiecen a dorarse, aproximadamente 18 minutos. Rocíe las cebollas con ½ cucharadita de sal y ¼ de cucharadita de pimienta. Cubra la sartén y cocine, moviendo constantemente, hasta que estén bien doradas, cerca de 12 minutos más. Retire del fuego e integre 1½ cucharaditas del tomillo. Deje enfriar por completo.

Coloque una rejilla en la parte baja del horno y precaliente el horno a 200°C (400°F).

En una superficie ligeramente enharinada, extienda la masa formando un círculo de 33 cm (13 in) de diámetro. Pase el círculo a una charola de hornear sin borde (sin engrasar)o una charola de metal especial para pizza. Doble 12 mm (1½ in) de la pasta hacia adentro. Después remarque la orilla doble, formando un círculo de 28 cm (11 in) con una orilla levantada. Espolvoree de manera uniforme 1 taza (120 g/4 oz) de queso sobre la pasta. Cubra con las rebanadas de papa en una capa sencilla. Rocíe las papas ligeramente con pimienta. Extienda las cebollas sobre las papas de forma homogénea. Coloque las mitades de aceituna y pedazos de anchoas sobre las cebollas, dejando espacios iguales entre ellas.

Hornee por aproximadamente 25 minutos la pissaladiere hasta que la pasta esté dorada en las orillas y en la parte de abajo. Espolvoree la ½ taza (60 g/2 oz) de queso y la ½ cucharadita de tomillo restantes. Deje enfriar por lo menos 15 minutos. Sirva caliente o a temperatura ambiente.

RINDE 4 PORCIONES

DESHUESANDO ACEITUNAS

Las aceitunas son un ingrediente tradicional de cualquier pissaladiere, una tarta parecida a las pizzas, especialidad de Niza sobre la Riviera francesa. Para quitar las semillas de las aceitunas use un deshuesador de cerezas. Si no tiene uno, coloque la aceituna sobre una superficie de trabajo. Coloque el lado plano de la cuchilla de un cuchillo grande sobre la aceituna. Presione la cuchilla hasta que sienta que la carne de la aceituna se desprenda del hueso. Después, simplemente quite el hueso o semilla.

ENSALADAS DE PAPA

Ningún libro de cocina sobre papas estaría completo sin una receta típica de ensalada de papas. Este platillo, favorito de todos, se hace presente en días de campo y tiendas especializadas dondequiera. Afortunadamente, los sabores han evolucionado y han surgido nuevas recetas que reemplazan las ya pasadas de moda y están encontrando gran aceptación. Ingredientes contemporáneos como aceitunas, queso azul, y azafrán engalanan las ensaladas de este capítulo colocándolas a la vanguardia.

ENSALADA DE PAPA PARA DÍA DE CAMPO

HUEVOS COCIDOS

Es fácil sobrecocer los huevos hervidos, dando a sus yemas un tinte verdoso desagradable a la vista y una textura seca. El siguiente método asegura buenos resultados: Hierva agua en una olla grande sobre calor medio. Cuando suelte el hervor, agregue los huevos y cocine 9 minutos. Retire y colóquelos en un recipiente con agua helada hasta que se enfríen. Pele los huevos.

En un recipiente pequeño, combine la cebolla morada, vinagre de vino blanco, eneldo, albahaca y estragón. En otro recipiente pequeño, combine la mayonesa, yogurt y mostaza en polvo y mezcle para integrar. Reserve.

Vierta agua en una cacerola grande hasta tener una profundidad de 2.5 cm (1 in) y hierva. Ponga las papas en una vaporera plegable y colóquela sobre el agua hirviendo. (El agua no deberá tocar la parte inferior de la vaporera). Tape y cueza hasta que al picarlas con un cuchillo pequeño se sientan suaves, aproximadamente 10 minutos. Páselas a un recipiente grande y agregue cuidadosamente la mezcla de cebollas. Deje enfriar hasta que esté tibio, moviendo de vez en cuando por aproximadamente 15 minutos. Añada el apio y los huevos picados toscamente y la mezcla de mayonesa. Mueva con cuidado para combinar. Salpimente al gusto. Pase a un recipiente para servir.

En un tazón pequeño, mezcle los huevos finamente picados y las hojas de apio. Coloque alrededor de la orilla de la ensalada como adorno. Sirva inmediatamente o deje reposar hasta 1 hora a temperatura ambiente antes de servir.

Preparación por adelantado: Esta ensalada puede prepararse hasta con 8 horas de anticipación, taparse y refrigerarse. Saque del refrigerador con tiempo para servir a temperatura ambiente.

Variación: Fácilmente puede convertir esta guarnición en plato principal añadiendo jamón o pavo en cuadros pequeños o camarones cocidos.

RINDE 6 PORCIONES

⅔ de taza (90 g/3 oz) de cebolla morada finamente picada

2 cucharadas de vinagre de vino blanco

1 cucharada de eneldo fresco picado

1 cucharada de albahaca fresca picada

1 cucharada de estragón fresco picado

½ taza (125 ml/4 fl oz) de mayonesa

¼ de taza (60 g/2 oz) de yogurt natural o crema agria ó ¼ de taza (60 ml/2 fl oz) de crema buttermilk

½ cucharadita de mostaza en polvo

10 a 12 papas cambray "White Rose" o papas blancas, aproximadamente 1.25 kg (2½ lb), peladas, en cuartos a lo largo y cada cuarto partido a la mitad a lo ancho

3 tallos grandes de apio, finamente picados

6 huevos cocidos, (ver explicación a la izquierda), 5 picados toscamente y 1 finamente picado

Sal kosher o sal de mar y pimienta fresca molida

¼ de taza (10 g/⅓ oz) de hojas de apio color verde oscuro picadas

ENSALADA DE PAPAS ESTILO ALEMÁN

Sal Kosher o sal de mar y pimienta recién molida

12 a 14 papas cambray rojas muy pequeñas, aproximadamente 750 g (1½ lb) en total, lavadas

4 rebanadas de tocino, de preferencia en rebanadas gruesas, picado grueso

Aceite de oliva, el necesario

½ cebolla amarilla o blanca, partida a la mitad a lo largo y finamente rebanada a lo ancho

1 tallo grande de apio, finamente rebanado

2 cucharadas de vinagre de vino blanco

2 cucharaditas de mejorana fresca picada, más unas ramas para el adorno

½ cucharadita de mostaza en polvo

½ taza (125 ml/4 fl oz) de consomé de res (página 111) natural o de lata

En una olla grande con agua hirviendo con sal, cocine las papas enteras con todo y cáscara hasta que al picarlas con un cuchillo pequeño se sientan suaves, aproximadamente 20 minutos. Escurra bien y regrese a la olla. Deje enfriar durante 10 minutos, parta a la mitad o en cuartos.

En una sartén grande y gruesa, cocine el tocino sobre fuego medio alto hasta que esté dorado y crujiente, aproximadamente 6 minutos. Usando una espumadera, escurra sobre toallas de papel. Vierta la grasa que quedó en la sartén a un plato pequeño.

Regrese 3 cucharadas de la grasa a la sartén para freír (sí es necesario, agregue aceite de oliva suficiente para completar 3 cucharadas). Agregue la cebolla y el apio y saltee sobre calor medio hasta que empiecen a suavizarse, aproximadamente 3 minutos. Integre el vinagre, mejorana picada, ¾ de cucharadita de sal, ¼ de cucharadita de pimienta y mostaza en polvo. Agregue el consomé, papas y tocino. Cocine, moviendo cuidadosamente, hasta que espese el aderezo y cubra las papas, aproximadamente 1 minuto. Pase la ensalada a un platón. Adorne con las ramas de mejorana y sirva caliente.

RINDE 4 PORCIONES

TOCINO

Los trozos de tocino y su grasa son ingredientes indispensables en una ensalada estilo alemán clásica. Busque tocino ahumado sobre madera de manzano, lo cual le da un sabor dulce. Compre tocino en rebanadas gruesas para lograr un sabor más fuerte a ahumado. Muchas tiendas y catálogos para gourmets ahora tienen tocino artesanal de granja en donde el puerco es curado con sabores como el maple, ajo, pimiento rojo, hierbas y especias.

PAPAS Y EJOTES VERDES CON ADEREZO DE PEPINO Y YOGURT

Para preparar el aderezo, mezcle en un recipiente el yogurt, mayonesa, eneldo, orégano, ¾ de cucharadita de sal y ½ cucharadita de pimienta. Integre el pepino y reserve.

Vierta agua en una olla grande hasta tener una profundidad de 2.5 cm (1 in) y hierva. Coloque las papas en una vaporera plegable y póngala sobre agua hirviendo. (El agua no deberá tocar su base). Tape y cocine hasta que al picar con un cuchillo pequeño las papas se sientan suaves, aproximadamente 14 minutos. Pase a un recipiente grande. Deje enfriar durante 5 minutos y salpimente.

En la misma vaporera, cocine los ejotes hasta que estén tiernos pero firmes, aproximadamente 5 minutos. Pase al recipiente con las papas. Salpimente al gusto y deje reposar hasta que estén tibios, aproximadamente 20 minutos.

Integre el vinagre al aderezo de pepino y yogurt. Vierta suficiente aderezo a la ensalada para cubrir generosamente. Sirva de inmediato.

Preparación por adelantado: El aderezo de pepino y yogurt puede prepararse desde 1 día antes. Cubra y refrigere.

RINDE 6 PORCIONES

PEPINOS

Los pepinos son un elemento importante del tzatziki, la salsa de yogurt griega en la que nos inspiramos para hacer el aderezo para esta ensalada. Use pepinos ingleses delgados color verde oscuro, también llamados pepinos de invernadero o hidroponía. Su piel es delgada y tiene menos semillas que las demás variedades. Un pepino sin semillas soltará menos líquido y no diluirá el aderezo. Para quitar las semillas parta el pepino a lo largo y quite las semillas y la pulpa a su alrededor con la ayuda de una cuchara normal o con una cuchara redonda para melón.

PARA EL ADEREZO:

⅔ de taza (155 g/5 oz) de yogurt natural

⅓ de taza (80 ml/3 fl oz) de mayonesa

¼ de taza (10 g/⅓ oz) de eneldo fresco picado grueso

½ cucharadita de orégano seco

Sal kosher o sal de mar y pimienta recién molida

¾ de taza de pepino inglés pelado, sin semillas y en cubos pequeños

5 papas "Yukon" o papas amarillas, aproximadamente 875 g (1¾ lb) en total, peladas, a la mitad a lo largo y cortadas a lo ancho en rebanadas de 9 mm (⅓ in) de grueso

Sal kosher y pimienta recién molida

250 g (½ lb) de ejotes verdes, cortadas en pedazos de 5 cm (2 in)

1½ cucharaditas de vinagre de vino blanco

ENSALADA DE PAPA CON ALCACHOFAS, QUESO FETA Y ENCURTIDO DE ACEITUNA

PARA EL ENCURTIDO DE ACEITUNA:

5 cucharadas (80 ml/3 fl oz) de aceite de oliva

2 ½ cucharadas de vinagre de vino blanco

1 diente grande de ajo, picado

1½ cucharadita de orégano seco

Pimienta recién molida

12 aceitunas verdes grandes griegas o sicilianas, sin hueso y partidas (aproximadamente ⅔ de taza/105 g/3½ oz)

½ taza (75 g/2½ oz) de bulbo de hinojo picado

3 cebollas de cambray grandes, incluyendo sus tallos, picados (aproximadamente 3/4 de taza o 75 g/2½ oz)

Sal kosher o sal de mar y pimienta recién molida

10 papas cambray blancas, "White Rose" aproximadamente 1.25 g (2¼ lb) en total, lavadas

1 paquete (250g/8 oz) de corazones de alcachofas congelados o naturales, a temperatura ambiente, secos y partidos a la mitad a lo largo

155 g (5 oz) de queso feta, en grumos gruesos (aproximadamente 1¼ tazas)

Para preparar el aderezo de aceituna combine en un recipiente el aceite de oliva, vinagre de vino blanco, ajo, orégano y ¼ de cucharadita de pimienta. Mezcle para integrar. Agregue las aceitunas, hinojo y ⅔ de cebollas de cambray.

En una olla grande con agua hirviendo con sal, cocine las papas enteras con cáscara hasta que al picarlas con un cuchillo pequeño se sientan suaves, aproximadamente 25 minutos. Escurra y deje reposar alrededor de 20 minutos hasta que pueda tocarlas. Pele las papas, corte a la mitad a lo largo y después a lo ancho en rebanadas de 9 mm (⅓ in). Pase a un recipiente grande. Salpimente al gusto. Agregue las alcachofas y condimento de aceituna. Mezcle para integrar. Añada 1 taza (125 g/4 oz) de queso feta. Pase la ensalada a un platón para servir.

En un recipiente pequeño, combine el resto de la cebolla de cambray con el del queso feta. Mezcle para integrar. Espolvoree sobre la ensalada.

Preparación por adelantado: El condimento de aceituna se puede hacer hasta con un día de anticipación. Cubra y refrigere, moviendo de vez en cuando.

RINDE 4 A 6 PORCIONES

QUESO FETA

El queso feta es un queso fuerte y penetrante curado en salmuera que tiene un sabor salado muy sabroso; elaborado con leche de borrego y ocasionalmente con leche de cabra. El país más conocido por el queso feta es Grecia, pero también se produce en otros países de Europa, incluyendo Bulgaria, Francia e Italia. Tenga cuidado pues su grado de salinidad varía dependiendo de la marca. El queso feta francés es delicioso y no es demasiado salado.

ENSALADA DE PAPA CON PIMIENTOS ROJOS, ALCAPARRAS Y ADEREZO DE AZAFRÁN

ver explicación a la izquierda

Para hacer el aderezo combine en un recipiente los chiles picados, alcaparras y jugo de alcaparras, vinagre, ½ cucharadita de sal, ¼ de cucharadita de pimienta y azafrán. Vierta el aceite de oliva. Agregue la cebolla y mezcle hasta integrar por completo. Deje reposar por lo menos 2 horas o hasta 4 horas, moviendo ocasionalmente.

Agregue los pimientos rojos al aderezo. En una olla grande con agua hirviendo con sal, cocine las papas enteras con cáscara hasta que al picarlas con un cuchillo pequeño se sientan suaves, aproximadamente 20 minutos. Escurra y deje enfriar hasta que pueda tocarlas. Corte en cuarterones y páselas a un recipiente grande. Añada el aderezo y mezcle para cubrir. Sazone con sal y pimienta al gusto. Pase a una ensaladera y adorne con las mitades de chile, si lo desea.

RINDE 6 PORCIONES

DESEMILLANDO Y DESVENANDO LOS CHILES

Para reducir el picor de los chiles, corte las membranas o venas y deseche las semillas. En las membranas es en donde está más concentrado la Capsaicina, el elemento picante del chile. Le sugerimos que use guantes de plástico o látex cuando trabaje con chiles picantes, como los jalapeños para no irritar su piel. Evite tocar áreas sensibles como ojos o boca. Al terminar, lave sus manos, la tabla de picar y el cuchillo con agua jabonosa bien caliente.

PARA EL ADEREZO DE AZAFRÁN:

1½ chile jalapeño rojo grande, desemillado y desvenado (ver explicación a la izquierda), picado

1½ cucharadas de alcaparras escurridas, más 1½ cucharaditas de jugo de alcaparras

2 cucharadas de vinagre de vino blanco

Sal kosher o sal de mar y pimienta recién molida

¼ de cucharadita de pistilos de azafrán

¼ de taza (60 ml/ 2 fl oz) de aceite de oliva

1 cebolla morada grande, partida a la mitad a lo largo y cortada a lo ancho en rebanadas tan delgadas como una hoja de papel (aproximadamente 2 tazas/220 g/7 oz)

1 pimiento rojo grande, desemillado, desvenado y cortado en tiras delgadas

Sal kosher o sal de mar y pimienta recién molida

12 papas cambray rojas, aproximadamente 1 kg (2 lb) en total, lavadas

3 chiles jalapeños rojos, partidos a la mitad a lo largo (opcional)

ENSADALA DE PAPA ESTILO CAMPIÑA FRANCESA

PARA EL ADEREZO:

3 cucharadas de vinagre de vino blanco

2 cucharadas de mostaza de Dijon

1 cucharada de romero fresco picado

3 dientes de ajo, picados

⅛ de cucharadita de pimienta de cayena molida

6 cucharadas (90 ml/3 fl oz) de aceite de oliva

Sal kosher o sal de mar y pimienta recién molida

12 papas cambray rojas, aproximadamente 1 kg (2 lb) en total, lavadas

1 poro grande, incluyendo las partes verde pálido, a la mitad a lo largo bien lavado (página 18), picado

250 g (½ lb) de embutido ahumado como el Kielbasa, cortado en rodajas de 6 mm (¼ in) de grueso

60 g (2 oz) de queso Roquefort, en grumos grandes (aproximadamente ½ taza)

Sal kosher o sal de mar y pimienta recién molida

Ramas de romero fresco para adornar

Para hacer el aderezo, mezcle el vinagre de vino blanco, mostaza de Dijon, romero, ajo y pimienta de cayena en un recipiente pequeño. Agregue el aceite de oliva poco a poco. Salpimente al gusto.

En una olla grande con agua hirviendo con sal, cocine las papas enteras con cáscara hasta que al picarlas con un cuchillo pequeño se sientan suaves, aproximadamente 20 minutos. Escurra y deje reposar hasta que se puedan tocar, aproximadamente 15 minutos. Pele las papas y córtelas en rodajas de 9 mm (½ in).

Ponga las papas en un recipiente grande y agregue ¼ de taza (60 ml/2 fl oz) del aderezo. Mezcle con cuidado para cubrir, separando las rodajas de papa. Integre el apio, el embutido y el resto del aderezo. Agregue el queso y sazone al gusto con sal y pimienta. Pase a una ensaladera y adorne con ramas de romero.

RINDE 6 PORCIONES

QUESO AZUL

El queso azul se fermenta con esporas de bacterias especiales que desarrollan una red de finas venas azules. El queso Roquefort, el queso azul más conocido de Francia hecho con leche de borrego, tiene un sabor fuerte que proporciona un acento decididamente francés a cualquier platillo, convirtiéndolo en un ingrediente indispensable para esta receta. Otros quesos azules que también puede usar son el Inglés Stilton, el azul Danés, el Gorgonzola italiano o el azul Maytag de la zona oeste de Estados Unidos.

PAPAS PARA EL DESAYUNO

Llenadoras y cargadas de nutrientes, las papas son justo lo que necesitamos en la mañana. Pueden ser dulces y untarse con mantequilla y miel en hotcakes o aderezadas con chiles en una frittata. Muchas de las recetas que mostramos a continuación son perfectas para recibir invitados y pueden convertir el desayuno en la comida favorita del día.

HASH BROWNS

RALLADURA GRUESA CONTRA RALLADURA DELGADA

Rallar o cortar alimentos en tiras delgadas, es la mejor forma de preparar las papas para esta receta pues se facilita el compactarlas y así lograr un pastel uniforme mientras se cocinan. Para rallar papas u otras verduras como zanahorias y calabazas (courgettes), utilice los hoyos más grandes de su rallador o el disco para rallar de su procesador de alimentos. Por otro lado, rallar significa reducir los alimentos (como el queso parmesano) a partículas pequeñas usando las raspas más finas del rallador.

En una olla grande con agua hirviendo con sal, cocine las papas enteras con cáscara hasta que al picarlas con un cuchillo pequeño se sientan suaves, aproximadamente 25 minutos. Escurra, deje enfriar y refrigere, por lo menos 2 horas o hasta con un día de anticipación. Pele las papas, desmenuce (ver explicación a la izquierda) y coloque en un recipiente grande. Agregue 1 cucharada de sal y ½ cucharadita de pimienta. Mezcle hasta integrar.

En una sartén gruesa de 30 cm (12 in) con teflón, derrita 3 cucharadas de la mantequilla con el aceite sobre fuego alto. Agregue las papas; reduzca el calor a medio y cocine 5 minutos moviendo para cubrir las papas con la mantequilla de forma pareja Usando una espátula de plástico a prueba de calor, presione las papas ligeramente para formar un círculo compacto de 23 cm (9 in). Continúe cocinando hasta que empiecen a dorarse en la parte de abajo, aproximadamente 10 minutos. Con ayuda de la espátula, voltee las papas por partes. Presione otra vez para lograr un grueso uniforme. Agregue la cucharada restante de mantequilla. Continúe cocinando, presionando las orillas del círculo suavemente y agitando la sartén ocasionalmente para evitar que se pegue, cerca de 12 minutos.

Coloque el círculo en un platón grande y cubra con otro plato del mismo tamaño e inviértalos. Coloque el círculo en la sartén nuevamente. Cocine sobre calor medio alrededor de 10 minutos más hasta que la parte de abajo esté dorada y crujiente. Pase el pastel a un platón. Decore con el perejil, si lo desea. Corte en rebanadas y sirva caliente.

RINDE 4 PORCIONES

Sal kosher o sal de mar y pimienta recién molida

6 papas cambray blancas "White Rose" o papas rojas medianas, aproximadamente 750 g (1½ lb) en total, lavadas

4 cucharadas (60 g/2 oz) de mantequilla

1 cucharada de aceite vegetal

2 a 3 cucharadas de perejil (italiano) fresco picado (opcional)

PAPAS FRITAS EN CUADROS CON CEBOLLAS MORADAS, BLANCAS Y VERDES

Sal kosher y pimienta recién molida

3 papas "Yukon" o papas amarillas, aproximadamente 750 g (1½ lb) en total, lavadas

3 cucharadas de mantequilla sin sal

1 cucharada de aceite de oliva

1 taza (140 g/4½ oz) de cebolla morada en cubos

1 taza (140 g/4½ oz) de cebolla blanca en cubos

4 cebollas de cambray, incluyendo sus tallos, picadas (aproximadamente 1 taza/90 g/3 oz)

En una olla grande con agua hirviendo con sal, cocine las papas enteras con cáscara hasta que al picarlas con un cuchillo pequeño se sientan suaves, aproximadamente 35 minutos. Escúrralas, déjelas enfriar y refrigere hasta que estén totalmente frías, por lo menos 2 horas o hasta con 1 día de anticipación. Pele y corte en cubos de 12 mm (½ in).

En una sartén antiadherente grande y gruesa, derrita 2 cucharadas de la mantequilla con el aceite sobre calor medio alto. Agregue las papas, la cebolla morada y blanca y mueva para cubrir. Saltee, moviendo cada 3 ó 4 minutos, hasta que las papas estén ligeramente doradas y las cebollas estén empezando a dorarse, aproximadamente 15 minutos en total. Espolvoree con 1 cucharadita de sal y ½ cucharadita de pimienta. Mezcle a integrar por completo. Cocine hasta que todo esté bien dorado, aproximadamente 5 minutos más. Agregue las cebollas de cambray y la cucharada restante de mantequilla. Mueva hasta que la mantequilla se derrita y las cebollas de cambray se marchiten, aproximadamente 1 minuto. Pase las papas fritas hechas en casa a una ensaladera y sirva.

RINDE 4 PORCIONES

PARTIENDO LAS CEBOLLAS EN CUBOS

Para partir una cebolla en cubos, quite la orilla del tallo y parta la cebolla a la mitad a lo largo. Pele las mitades. Coloque una mitad sobre una tabla de madera, poniendo la parte plana hacia abajo. Empezando en la parte del tallo, haga una serie de cortes horizontales paralelos con una separación de 6 a 12 mm (¼ – ½ in). No llegue a la orilla de la raíz. Voltee el cuchillo para que esté perpendicular a la primera serie de cortes y la punta quede hacia la orilla de la raíz y haga otra serie vertical igual a la primera, dejando la orilla de la raíz otra vez completa. Para obtener los cubos, corte a lo ancho las dos series.

93

HOTCAKES DE CAMOTE CON MANTEQUILLA DE MIEL A LA NARANJA

SUPREMAS DE CÍTRICOS

Para retirar la piel de los gajos de una naranja u otro cítrico, corte una rebanada de la parte superior e inferior de la fruta hasta llegar a la pulpa, deje reposar. Siguiendo el contorno de la fruta, quite la cáscara y la parte blanca en rebanadas gruesas, para que se vea la pulpa. Deteniendo la fruta sobre un recipiente, corte de los dos lados de cada membrana para sacar los gajos y colocarlos en el recipiente. También puede usar gajos de naranjas en ensaladas de frutas o para adornar postres hechos en moldes como el panna cotta italiano o el flan.

Para hacer la mantequilla de miel a la naranja, combine en un recipiente la mantequilla, miel, concentrado de jugo de naranja y cáscara de naranja. Bata con batidora eléctrica hasta integrar por completo.

Para hacer los hotcakes, pele el camote y corte a lo ancho en rodajas de 12 mm (½ in). En una cacerola vierta agua hasta tener una profundidad de 2.5 cm (1 in) y deje que suelte el hervor. Ponga las rodajas de camote en una vaporera plegable y colóquela sobre el agua hirviendo. (El agua no deberá tocar su base). Tape y cocine hasta que al picar con un cuchillo pequeño se sienta apenas suave, aproximadamente 8 minutos. Pase a un plato y refrigere hasta que estén frías y firmes, por lo menos 1 hora.

Coloque una charola para hornear en el horno y precaliente a 110°C (225°F). Usando un rallador del lado de los hoyos grandes, ralle el camote y coloque en un recipiente. En un recipiente grande, mezcle la harina, azúcar, polvo para hornear, sal y jengibre. Añada el buttermilk o su sustituto, los huevos y 1 cucharada de mantequilla derretida. Mezcle hasta integrar (quedarán algunos grumos). Agregue 1 taza (185 g/6 oz) del camote. (Reserve el resto para otro uso.)

Caliente una sartén antiadherente grande sobre calor medio bajo. Barnice la sartén con la mantequilla derretida. Vierta ¼ de taza rasa (60 ml/2 fl oz) de la mezcla en la sartén para hacer cada hotcake, dejando una separación entre cada uno de 2.5–5 cm (1–2 in). Cocine hasta que estén dorados en la parte de abajo y se hayan formado burbujas en la superficie pero aún no se hayan reventado, aproximadamente 3 minutos. Voltee y cocine hasta que estén dorados por el segundo lado, aproximadamente 3 minutos más. Pase a la charola que está dentro del horno para mantenerlos calientes. Repita la operación con el resto de mezcla. Sirva cubriendo con una cucharada de mantequilla de miel a la naranja y adorne con los gajos de naranja.

RINDE 4 PORCIONES

PARA LA MANTEQUILLA DE MIEL A LA NARANJA:

½ taza (125 g/4 oz) de mantequilla, a temperatura ambiente

½ taza (185 g/6 oz) de miel

¼ de taza (60 ml/2 fl oz) de concentrado de jugo de naranja congelado, a temperatura ambiente

1½ cucharaditas de cáscara de naranja rallada

PARA LOS HOTCAKES:

1 camote pequeño (de pulpa naranja), aproximadamente 250 g (½ lb) en total

1⅓ tazas (220 g/7 oz) de harina de trigo

3 cucharadas de azúcar

2 cucharaditas de polvo para hornear

¾ cucharaditas de sal kosher o sal de mar

¼ de cucharadita de jengibre molido

1 taza (250 ml/8 fl oz) de crema buttermilk

2 huevos batidos

1 cucharada de mantequilla sin sal derretida, más de ⅓ a ½ de taza (90 – 125 g/3 – 4 oz) de mantequilla sin sal, derretida para barnizar

2 naranjas en gajos (ver explicación a la izquierda)

FRITURAS DE CAMOTE Y TOCINO

250 g (½ lb) de tocino picado grueso

1 camote grande (de pulpa naranja) de 375 a 440 g (12–14 oz) lavado y seco

½ taza (125 ml/4 fl oz) de crema buttermilk o su sustituto, o más si es necesario

1 huevo grande batido

2 tazas (315 g/10 oz) de harina

¼ de taza (60 g/2 oz) de azúcar

3 cucharadas de mantequilla sin sal fría, cortada en pedazos

1 cucharada de polvo para hornear

¾ de cucharadita de sal kosher o sal de mar

¼ de cucharadita de nuez moscada recién rallada

¼ de cucharadita de pimienta de cayena molida

Aceite vegetal para freír

Miel maple pura para servir

Precaliente el horno a 200°C (400°F). En una sartén gruesa y grande fría el tocino sobre calor medio alto hasta que esté dorado y crujiente, aproximadamente 5 minutos. Usando una espumadera, escurra sobre toallas de papel.

Pique el camote varias veces con un tenedor, ponga directamente sobre una charola de horno y hornee hasta que al picarlo con un cuchillo se sienta suave, aproximadamente 55 minutos ó si lo desea, cocine en el microondas a calor fuerte hasta que esté suave, aproximadamente 6 minutos de cada lado. Retire del horno y reduzca la temperatura a 135°C (275°F).

Abra el camote y deje enfriar 5 minutos. Saque la pulpa del camote, colóquela en un recipiente y aplástela con un prensador de papas. Tome ½ taza (125 g/4 oz) del puré y colóquelo en un recipiente grande. (Reserve el resto para otro uso.) Agregue, moviendo, el suero de manteca y el huevo.

Coloque la harina, azúcar, mantequilla, polvo para hornear, sal, nuez moscada y pimienta de cayena en el procesador de alimentos hasta formar una masa fina. Añada a la mezcla de camote y bata hasta formar una masa suave, agregando más buttermilk o su sustituto, 1 cucharada a la vez, si está demasiado seca. Agregue el tocino y mezcle hasta que se distribuya uniformemente. Cubra el recipiente con toallas de cocina y deje reposar 10 minutos.

Prepare una charola de horno con toallas de papel. Vierta aceite en un horno tipo alemán con un termómetro incluido hasta una profundidad de 4 cm (1½ in). Caliente el aceite sobre calor medio hasta que llegue a 180°C (350°F). Ponga cucharadas rasas de la masa, de 5 a 6 cada vez, en el aceite y fría, volteando de vez en cuando hasta que estén totalmente cocidas y doradas, aproximadamente 3 minutos. Con ayuda de una espumadera, pase las frituras a la charola. Meta al horno para mantener calientes. Repita la operación con el resto de la masa dejando que el aceite vuelva a los 180°C antes de cada serie y quite cualquier pedazo sobrante con ayuda de la espumadera. Sirva las frituras calientes con miel maple.

RINDE 6 PORCIONES

MIEL MAPLE

Con un sabor parecido a la vainilla o caramelo, la miel maple pura se elabora de la savia del árbol de maple. A principios de la primavera, a lo largo de Canadá y del norte de los Estados Unidos se saca la savia transparente y fresca de los árboles y se hierve para convertirse en la deliciosa miel color ámbar. La miel de maple se cataloga de acuerdo a su calidad y color. Entre más clara y suave sea la miel, su calidad será mejor. Use mieles más claras sobre los hotcakes y frituras de tocino, dejando la miel más oscura para hornear. Evite la miel de maíz color caramelo con sabor a maple, también conocida por el nombre de miel para hotcakes; no tiene relación alguna con la auténtica.

CUARTERONES DE PAPA A LA FRANCESA

SALCHICHAS DE ANDOUILLE

Las salchichas de Andouille son salchichas sumamente ahumadas y condimentadas fabricadas en los establos de Nueva Orleáns. Se usan en algunas recetas Cajun como la sopa Gumbo. Están hechas de puerco y están muy condimentadas con pimienta de cayena y chile rojo seco. También puede usar otro tipo de salchichas ahumadas cocidas en esta receta, como las polacas Kielbasa, salchichas picantes o la linguica portuguesa con sabor a ajo y páprika.

En un recipiente pequeño, mezcle la mostaza Creole, salsa inglesa, cayena y pimienta de jamaica. Reserve.

En una sartén antiadherente grande para freír, caliente el aceite de oliva sobre calor medio. Agregue las papas, hojas de laurel y ¼ de cucharadita rasa de pimienta negra. Mueva hasta cubrir. Tape y cocine por aproximadamente 15 minutos, moviendo de vez en cuando, hasta que las papas estén suaves y ligeramente doradas. Agregue el ajo y mueva hasta que aromatice, aproximadamente 30 segundos. Añada la cebolla morada y el pimiento. Eleve la temperatura a media alta y saltee, sin tapar, hasta que estén suaves, aproximadamente 6 minutos. Agregue las salchichas y mueva hasta que estén totalmente calientes, aproximadamente 2 minutos. Añada la mezcla de mostaza y mueva 1 minuto hasta cubrir.

Retire y deseche las hojas de laurel. Pase la mezcla a una ensaladera. Decore con bastantes cebollas de cambray y sirva de inmediato.

Nota: La mostaza Creole, hecha con semillas de mostaza café que se han remojado en vinagre, tiene un toque de rábano picante además de tener un sabor sumamente especial. La puede encontrar en tiendas especializadas de alimentos y en cualquier supermercado bien surtido.

Para servir: Sugerimos servir estas papas acompañando huevos revueltos.

RINDE 4 PORCIONES

2 cucharadas de mostaza Creole (ver nota)

1 cucharada de salsa inglesa

⅛ de cucharadita de pimienta de cayena

⅛ de cucharadita de pimienta de jamaica molida (allspice)

3 cucharadas de aceite de oliva

5 papas cambray blancas "White Rose", aproximadamente 625 g (1¼ lb) en total, peladas y cortadas en dados de 12 mm (½ in)

4 hojas de laurel, de preferencia turcas (página 10)

Pimienta negra recién molida

6 dientes de ajo grandes, picados

1½ tazas (235 g/7½ oz) de cebolla morada picada

1½ tazas (235 g /7½ oz) de pimiento verde picado

4 salchichas de Andouille o su sustituto, aproximadamente 375 g (¾ lb) partidas en cuatro a lo largo y después a lo ancho en dados de 12 mm (½ in)

2 cebollas de cambray incluyendo sus rabos, picadas

PICADILLO DE CORNED BEEF CON HUEVOS POCHÉ

Sal kosher y pimienta recién molida

6 papas rojas, aproximadamente 750 g (1½ lb) lavadas

6 cucharadas (15 g/½ oz) de perejil de hoja lisa (italiano)

3 cucharadas de mostaza de Dijon

¾ de taza (105 g/3½ oz) de cebolla morada finamente picada

375 g (¾ lb) de rebanadas gruesas de corned beef cocido (*ver explicación a la derecha*), partido en dados pequeños

3 cucharadas de mantequilla sin sal

1 cucharada de vinagre de sidra

4 huevos grandes

En una olla grande con agua hervida con sal, cocine las papas enteras con todo y cáscara hasta que al picarlas con un cuchillo pequeño se sientan suaves, por aproximadamente 20 minutos. Escurra, deje enfriar y pele. Ponga 2 papas en un recipiente grande y aplaste con un tenedor. Agregue 4 cucharadas (10 g/⅓ oz) del perejil, la mostaza y ¼ de cucharadita de pimienta y, por último, la cebolla. Corte en cuarterones pequeños las 4 papas restantes. Mezcle los cuarterones de papa y el corned beef con la mezcla de puré de papa.

En una sartén antiadherente grande y gruesa de 30 cm (12 in), derrita la mantequilla sobre fuego alto. Agregue la mezcla de papas a la sartén, presionando con una espátula de plástico a prueba de calor, para compactar. Tape, reduzca a calor medio y cocine hasta que la parte de abajo esté dorada, aproximadamente 12 minutos. Con la ayuda de la espátula, voltee la mezcla por partes. Presione otra vez para compactar. Tape y cocine hasta que esté dorado por ese lado, aproximadamente 10 minutos más.

Mientras tanto, prepare los huevos poché. En una sartén grande vierta agua hasta tener una profundidad de 5 cm (2 in), agregue el vinagre y hierva a fuego lento. Reduzca el calor para que el agua se mantenga justo por debajo del punto de ebullición. Rompa un huevo en una salsera. Mientras el agua forma un remolino en la sartén, coloque cuidadosamente el huevo en el remolino para evitar que se separen las claras. Repita rápidamente con el resto de los huevos. Cocine hasta que las claras estén firmes y las yemas estén glaseadas pero aún suaves, de 3 a 4 minutos.

Mientras tanto, divida el picadillo en 4 porciones iguales y coloque en platos individuales. Con la ayuda de una espumadera, ponga los huevos poché sobre cada porción de picadillo. Rocíe con las 2 cucharadas restantes de perejil y sirva.

Nota: los huevos poché no están totalmente cocidos. Para más información, vea la página 113.

RINDE 4 PORCIONES

CORNED BEEF O CECINA DE RES

El corned beef, carne de color rojo púrpura ligeramente condimentada, es carne de pecho de res curada durante un mes aproximadamente en salmuera hecha de grandes cristales o granos de sal, azúcar y otros condimentos. Al hervirla en agua a fuego lento, la res adquiere una textura suave y húmeda. Compre el corned beef en las tiendas especializadas en alimentos judíos o en la sección kosher del supermercado donde podrá pedir rebanadas de unos 9 mm (½ in).

101

FRITTATA DE PAPAS CON AGUACATE Y SALSA DE TRES CHILES

En un recipiente, combine la cebolla morada y el chile poblano, el Anaheim y el jalapeño. Mezcle para integrar. Pase ½ taza (75 g/2½ oz) ésta mezcla a otro recipiente e integre los jitomates, aguacate, cilantro y jugo de limón. Mueva para hacer la salsa. Sazone al gusto con sal. Tape y refrigere.

Engrase una sartén gruesa antiadherente de 25 cm (10 in) con aceite vegetal en aerosol. Agregue 1 cucharada de aceite de oliva y caliente sobre calor medio. Añada el resto de la mezcla a la sartén y saltee hasta que los chiles se empiecen a suavizar, aproximadamente 7 minutos. Pase a un recipiente grande. Vierta 2 cucharadas más del aceite de oliva a la misma sartén. Añada las papas y ¼ de cucharadita de sal y mezcle para integrar. Tape, reduzca el calor a medio bajo y cocine, moviendo de vez en cuando, hasta que las papas estén suaves, aproximadamente 10 minutos (algunas pueden dorarse). Pase al recipiente con la mezcla de chiles y deje enfriar hasta que estén tibias.

En un recipiente pequeño, bata los huevos con ½ cucharadita de sal hasta integrar. Agregue los huevos a la mezcla de papas. Engrase ligeramente la misma sartén con el aceite en aerosol. Añada la cucharada restante de aceite de oliva y caliente sobre fuego medio alto; vierta la mezcla y cocine por aproximadamente 6 minutos, despegando la orilla de la frittata ocasionalmente con una espátula de plástico a prueba de calor hasta que las orillas estén firmes. Tape y cocine alrededor de 9 minutos más, hasta que el centro de la frittata esté firme. Pase la espátula alrededor de la orilla y por debajo del centro para despegar. Coloque en un plato y cubra con un platón y, al mismo tiempo, inviértalos y quite el plato. Decore con el limón si lo desea. Corte la frittata en triángulos y sirva con la salsa.

RINDE 4 PORCIONES

DESEMILLANDO TOMATES

Antes de desemillar y picar jitomates, debe lavarlos y secarlos. Con ayuda de un cuchillo de sierra corte cada jitomate a la mitad, a lo ancho. Detenga una mitad sobre la tarja de la cocina, presione ligeramente y sacuda para quitar las semillas. Si es necesario, use su dedo para despegar las semillas de cada mitad. Corte la orilla del tallo y pique según se indique.

1 taza (155 g/5 oz) de cebolla morada picada

⅓ de taza (45 g/1½ oz) de chile poblano desemillado, picado

⅓ de taza (45 g/1½ oz) de chile Anaheim desemillado, picado

1 cucharada de chile jalapeño con semillas, picado

2 jitomates bola grandes (Roma), desemillados y picados (ver explicación a la izquierda)

1 aguacate, sin hueso, pelado y partido en cubos

3 cucharadas de cilantro fresco picado

4 cucharaditas de jugo de limón fresco

Sal kosher o sal de mar

Aceite vegetal para cocinar en aerosol

4 cucharadas (60 ml/2 fl oz) de aceite de oliva

3 papas rojas, aproximadamente 375 g (¾ lb) lavadas, secas, partidas a la mitad y cortadas a lo ancho en rebanadas de 3 mm (⅛ in)

6 huevos grandes

Limón para decorar (opcional)

LO BÁSICO SOBRE LAS PAPAS

Al igual que un lienzo en blanco, las papas son un buen punto de partida. Pueden prepararse usando cualquier método para cocinar y mezclarse con un sinnúmero de ingredientes creando deliciosos resultados. Su versatilidad y confiabilidad las convierten en una magnífica elección para casi cualquier menú, ya sea en un ambiente casual o de celebración. Hoy en día se están redescubriendo materias primas como el maíz, granos y leguminosas y los principales chefs les están dando un status culinario nuevo. Las papas merecen estar entre sus productos favoritos.

TIPOS DE PAPA

La papa, tubérculo de fécula de la familia de las solanáceas, se ha convertido en una de las cosechas más importantes del mundo. Este vegetal, nutritivo y fácil de digerir, es una fuente importante de carbohidratos, proteína y fibra al mismo tiempo que proporciona vitaminas como la vitamina C y minerales como el potasio y hierro.

La papa se puede dividir en tres tipos básicos: con alto contenido de almidón o harina, encerada y para cualquier uso. La Russet, con alto contenido de almidón, es la mejor para hornear o hacer puré ya que al cocerse queda seca y esponjada pero no conserva su forma. La encerada, como la papa roja, no tiene tanto contenido de almidón. Es ideal para ensaladas y otras recetas en donde los tubérculos deben mantener su forma pero no tienen que contribuir con su almidón para espesar una sopa o salsa. La que sirve para cualquier uso, como la "Yukon" dorada tiene un nivel medio de almidón y por lo tanto puede utilizarse indistintamente.

A continuación presentamos una lista de las variedades de papa usadas a lo largo de este libro.

PAPA RUSSET

La Russet es ovalada, con piel de color café oscuro, debido principalmente a su alto contenido de almidón y baja humedad. Al cocinarse, tiene una textura esponjosa y seca que la hace ideal para hornearse y para hacer papas a la francesa crujientes con interiores suaves. Úsela para puré de papa cuando desee obtener una textura esponjosa. La papa Russet también es conocida como papa Burbank o Idaho.

PAPA ROJA

Esta papa firme de piel suave tiene un alto contenido de humedad y es baja en almidón. Mantiene su forma muy bien al cocinarse y su textura húmeda densa. Es una variedad que se utiliza para hervir, cocer al vapor o asar así como para las ensaladas. Las variedades que se encuentran más fácilmente son La Soda y la Pontiac, de aproximadamente de 5 a 7.5 cm (2–3 in) de diámetro y piel roja oscura. Otra variedad es la papa Cambray, muy pequeña, y que algunas veces se le llama papa Crema.

PAPA BLANCA

Esta papa con piel delgada se considera adecuada para cualquier uso debido a que su pulpa no es tan seca como la de alto contenido de almidón usada para hornear, ni tan encerada como la papa roja. La papa White Rose que se cultiva en California, es grande y ovalada con piel delgada color crema y relativamente pocas hendiduras. Se encuentra en casi todos los mercados y puede usarse con éxito para hornear, hervir, asar y cocer al vapor. Al igual que la papa blanca, la Eastern Kennebec, Superior y Katahdin son útiles para cualquier uso. La papa Cambray blanca también se conoce como Crema o papa Nueva.

YUKON GOLDS

Esta papa característica para hervirse para cualquier uso, con piel y pulpa clara, tiene una textura pesada y de cierta manera un sabor a mantequilla. Hace un magnífico puré y es maravillosa para asar, hervir o cocer al vapor.

PAPA CAMBRAY

La inmadura papa cambray se encuentra típicamente en los anaqueles del mercado en primavera y principios del verano. Generalmente es roja redonda o blanca redonda; aunque quizás usted encuentre papa cambray amarilla delgada, es baja en almidón. Tenga cuidado pues no todas las papas pequeñas son cambray. Una papa cambray auténtica es recién cultivada y dura poco tiempo en los anaqueles.

DEDO DE PAPA

Debido a su forma larga y delgada, lleva el nombre de dedo de papa. Y es baja en almidón. Sirve muy bien para asarse, cocer al vapor o hervir. Para más información sobre las variedades de dedo de papa, vea la página 47.

ELIGIENDO PAPAS

De la misma forma en la que elige las demás verduras, al buscar papas tome las que estén firmes, sin manchas y tengan una forma uniforme. Las hendiduras, comúnmente llamadas ojos, no deben tener brotes. (Si en su casa tiene papas con brotes, corte los ojos antes de usarlas.) La piel arrugada, pulpa suave y manchas indican que ya no están en su punto. Si una papa tiene pedazos verdes, ha sido expuesta a la luz durante mucho tiempo y un alcaloide tóxico llamado solanine se ha desarrollado. No compre esas papas. Si las que almacenó tienen partes verdes, corte esos pedazos y deseche antes de usarlas.

Si planea comer papas con cáscara, considere comprar variedades orgánicas que no han sido expuestas a pesticidas, que pueden concentrarse en su piel. Estas pueden encontrarse en secciones dedicadas a productos orgánicos en muchos supermercados, y en tiendas de alimentos naturales y muchos mercados de granjeros.

La mayoría de las variedades de papa se pueden encontrar durante todo el año, pero la Cambray sólo aparece en la primavera y principios de verano y muy esporádicamente en otras temporadas.

ALMACENANDO PAPAS

Para almacenarlas elija un lugar bastante oscuro a temperatura ambiente con buena circulación de aire, ya que la luz las pone verdes y amargas. Si compró papas empacadas en bolsas de plástico, páselas a una bolsa de papel grande o a cajones de verduras bajo cubierta donde se mantendrán bien durante 2 semanas. (Almacenar en bolsas de plástico evita que se ventilen y hace que se descompongan más rápidamente.) Evite guardarlas en el refrigerador, donde el frío convertirá la fécula de las papas en azúcar, y las tornará dulces. No ponga las papas en el mismo cajón que las cebollas. Al poner juntas estas verduras producirán gases que harán que se echen a perder rápidamente.

Use las papas cambray, que duran menos tiempo que cualquiera de las otras variedades, dentro de los 2 ó 3 días siguientes a su compra.

PREPARANDO PAPAS

La papa puede cocinarse casi de cualquier forma imaginable: hervida, horneadas, al vapor, asada, frita, salteada o cocida a fuego bajo en sopas. También puede tomar gran variedad de forma, como hilo fino, bastón grueso, cubo pequeño o grandes, puré o entera, con todo y cáscara. A continuación incluimos algunas sugerencias para su preparación.

LAVADO

Ya sea que planee pelarlas o no, siempre lávelas bajo el chorro de agua fría, de preferencia usando una esponja suave. A diferencia que un cepillo duro, la esponja no tallará ni romperá la piel cuando quite lo sucio.

PELADO

La herramienta más eficiente para pelar es un pelador firme de navaja giratoria con manija pesada de goma antiderrapante y un pequeño ahuecador puntiagudo en la punta para quitar los ojos o brotes.

Como las papas se decoloran u oxidan rápidamente una vez que se han pelado, es mejor preparar las otras partes de la receta primero y pelar las papas justo

antes de usarlas. Si fuera necesario, mantenga las peladas en un recipiente con agua fría para cubrirlas durante un periodo corto. Si las deja en agua más de 30 minutos perderán nutrientes.

COCIENDO AL VAPOR

Una vaporera plegable en forma de canastilla o rejilla con una manija en su centro es ideal para cocerlas al vapor. Los laterales de estas canastillas tienen paneles que se sobreponen y se abren como pétalos de una flor. Los paneles deben descansar contra los lados de la olla para evitar que las papas caigan al agua. La manija en el centro de la canastilla permite levantar las papas cocidas para sacarlas de la olla. El nivel del agua en la olla debe ser por lo menos de 2.5 cm (1 in) de profundidad pero quedar 12 mm (½ in) por debajo de la base de la canastilla de manera que el agua no hierva las papas.

Una forma rápida de cocer papas al vapor es cortarlas en rodajas de 6 mm (¼ in) o en cubos de 12 mm (½ in). Al cocerlas al vapor de esta forma se mantiene su textura, sabor y nutrientes que pueden perderse cuando se hierven. Deje que el agua suelte el hervor antes de agregar las papas a la canastilla. Tape bien la olla y cueza hasta que pueda fácilmente introducir la punta de un cuchillo pequeño en una rodaja. Si cuece papas enteras, lo cual tarda más tiempo, doble

uno de los paneles de la canastilla de vez en cuando para checar el nivel de agua en la olla, y rellenar con más agua hirviendo si fuera necesario.

HIRVIENDO

La mejor forma de hervir papas es enteras con todo y piel. Esto evita que se llenen de agua y ayuda a evitar que pierdan los nutrientes en el agua. Cuando hierva papas enteras, asegúrese que la piel no esté rota para que los nutrientes se conserven mejor.

Para hervir, llene una olla con agua, dejando lugar para agregar las papas. Deje que el agua suelte el hervor y agregue bastante sal kosher o sal de mar, poco a poco, para que no se derrame el agua. Agregue las papas y cocine durante el tiempo indicado en la receta antes de checar el cocimiento. Primero pruebe la papa más grande, pues si ya está lista las demás lo estarán también. Generalmente, una vez que la piel empieza a separarse, las papas estarán cocidas.

Si hierve papas peladas asegúrese de cortarlas en pedazos pequeños, de 2.5 cm (1 in) o menos. Se cocerán más rápido y estarán menos tiempo en el agua, donde pueden perder nutrientes y adquirir una textura pegajosa.

HACIENDO PURÉ

El puré de papa puede hacerse de muchas maneras diferentes. Puede empezar con

papas hervidas enteras con todo y cáscara o con papas cocidas al vapor sin cáscara y cortadas en rodajas o cubos. Vea de la página 26 a la 37 y encontrará un capítulo entero con recetas sobre puré de papa.

En la página opuesta se muestran los pasos básicos para hacer puré de papa usando papas enteras con piel.

1 Cocinando papas enteras: :Empiece con papas enteras con todo y piel y cocínelas en una olla grande con agua hirviendo con sal hasta que estén suaves, de 20 a 40 minutos, dependiendo del tamaño. Cuando su piel empiece a abrirse, estarán cocidas. (Para saber cómo cocer cubos de papa al vapor, vea las instrucciones en la parte de arriba). Escurra las papas y vacíe el agua de la olla. Agregue la mantequilla que pide la receta a la olla, aún caliente, para que empiece a derretirse.

2 Pelando papas enteras: Mientras estén aún calientes, use un tenedor grande con dos dientes o una agarradera para detener cada papa, pele con un cuchillo mondador. La piel debe quitarse fácilmente.

3 Aplastando: Regréselas aún calientes a la olla con la mantequilla. El calor de las papas ayudará a derretir la mantequilla. Aplaste hasta que estén bastante suaves.

4 Agregando leche: Agregue la leche o crema y demás ingredientes. (Si lo desea, caliente la leche o crema antes para evitar que se enfríen las papas antes de que termine de mezclar.) Ajuste la textura del puré agregando gradualmente más leche o crema, 1 cucharada a la vez, hasta llegar a la consistencia deseada.

Puede cambiar la textura del puré dependiendo de la herramienta que use. Un prensador manual hará un puré con textura gruesa. No trabaja demasiado las papas y no activa sus almidones, lo cual hace que no resulte pegajoso. Un pasapurés usa un émbolo para hacer que pasen las papas a través de pequeños orificios. Este hace que se rompan en pequeñas partículas que permite hacer un puré suave y esponjoso. Una batidora eléctrica convertirá el puré en una masa esponjosa. Para evitar sobre batirlas, primero aplástelas ligeramente a mano con la mantequilla para desbaratar los grumos más grandes. Después bata hasta lograr la consistencia deseada, agregando los ingredientes restantes. No use un procesador de alimentos pues si lo hace obtendrá una textura pesada y pegajosa.

Si agrega apio, col, espinaca, cebollas amarillas salteadas u otros ingredientes sólidos para hacer puré, primero haga el puré con la mantequilla y leche y después use una cuchara grande para integrar los demás ingredientes a mano.

La forma más adecuada de hacerlo es usando consomé o caldo de verduras o de pollo como líquido en vez de leche o crema. Para ahorrar calorías, guarde un poco del agua en la que coció las papas para hacer el puré.

HORNEANDO

Las instrucciones de cómo hornear papas así como algunas ideas de cómo adornarlas se muestran en la página 111.

ASANDO

El asar papas en el calor seco del horno resultarán cáscaras doradas y crujientes y centros suaves. Para asar, coloque una rejilla de horno en el centro del mismo y precaliéntelo a la temperatura indicada durante por lo menos 15 minutos. Use sartenes gruesos para asar o charolas de hornear para evitar que el metal se pandee y cuidar que no se quemen mientras se asan. Aún cuando las papas estén cubiertas de aceite, engrase la charola o sartén con aceite vegetal en aerosol para asegurarse que las partes duras no se peguen a la superficie.

Si asa papas enteras sin cáscara, asegúrese de secarlas bien con toallas de cocina o toallas de papel antes de sazonarlas. La superficie seca guardará mejor cualquier capa de hierbas y especias y dará una mejor cáscara. Déles la vuelta usando pinzas en lugar de usar un tenedor para no hacerles hoyos.

Si asa rodajas, triángulos o cubos de papa, séquelos bien antes de sazonarlos. Deles la vuelta con una espátula flexible delgada que mantendrá las piezas intactas y no romperá las costras que se están formando.

RECETAS BÁSICAS
A continuación presentamos cuatro recetas mencionadas a lo largo de este libro.

PASTA PARA PAY

1 taza (155 g/5 oz) de harina de trigo

1 cucharada de azúcar

½ cucharadita de sal

6 cucharadas (90 g./3 oz) de mantequilla sin sal bien fría, cortada en cubos de 12 mm (½ in)

3 cucharadas de agua helada, más otra poca según se necesite

Para hacer la pasta de pay, combine la harina, azúcar y sal en un procesador de alimentos y mezcle durante 5 segundos. Agregue la mantequilla y mezcle con la harina hasta cubrir. Pulse hasta que la mezcla quede suave. Agregue las 3 cucharadas de agua helada y mezcle hasta que la pasta forme grumos húmedos. O si lo desea, haga la masa a mano: en un recipiente mezcle la harina, azúcar y sal. Agregue la mantequilla y, usando dos cuchillos o un mezclador de pasta, corte la mantequilla hasta que la masa se vea suave. Agregue lentamente 3 cucharadas de agua helada, moviendo y batiendo con un tenedor hasta que se mantenga unida. Al usar cualquiera de estos dos métodos, agregue agua helada a cucharaditas si la masa resulta seca.

Haga una bola con la masa, extienda y forme un disco. Envuelva con plástico y refrigere por lo menos durante 1 hora o hasta todo un día. Rinde para una tarta de 23 cm (9 in) o una pissaladiere de 28 cm (11 in).

PAPAS AL HORNO BÁSICAS

4 papas "Russet" o papas blancas, de 250 a 315 g (8–10 oz) cada una, lavadas y secas

4 cucharaditas de aceite de oliva o mantequilla derretida (opcional)

Coloque una rejilla en la parte superior del horno y precaliente a 200°C (400°F). Pique las papas con un tenedor en varios lugares. Para obtener una piel delicada y crujiente, frote cada papa con 1 cucharadita con aceite de oliva o mantequilla. Si planea usar papas para otra receta o si desea obtener una piel más dura y crujiente, no use el aceite. Coloque las papas directamente sobre la rejilla del horno.

Hornee hasta que al picarlas con un cuchillo se sientan suaves, de 45 minutos a 1 hora.

Si usa papas para otro platillo, siga las instrucciones de la receta. Si las sirve de inmediato, use una agarradera de cazuelas para detener cada papa y cortarla a lo largo desde la parte de arriba y llegar hasta su parte media por dentro. Presione los lados para hacer que se abra. Llene con el relleno según desee; vea a continuación. Rinde 4 porciones.

Rellenos Sugeridos:

Hongos picados salteados en mantequilla con hierbas finas y echalotas mezcladas con tocino crujiente en trozos.

Crema fresca (Crème fraîche) (página 113) mezclada con cebollín y preparada con rábanos tipo crema, adornados con caviar.

Mantequilla suave mezclada con queso Roquefort en grumos y cebolla morada picada.

Rebanadas de jitomate bola (Roma) sin semilla mezclados con aceite de oliva, aceitunas Kalamata, albahaca fresca picada y queso feta.

CONSOMÉ DE POLLO

2 kg (4 lb) de alas de pollo, lavadas

4 l (4 qt) de agua fría

2 cebollas amarillas o blancas, partidas a la mitad

2 tallos de apio, cortados en trozos de 2.5 cm (1 in)

1 apio grande, solo la parte blanca y la verde claro, a la mitad a lo largo

1 zanahoria grande, cortada en trozos de 2.5 cm (1 in)

4 ramas grandes de perejil liso (italiano)

¼ de cucharadita de sal kosher o sal de mar

6 granos de pimienta negra

3 clavos enteros

Combine todos los ingredientes en una olla pesada para hacer consomé. Hierva sobre calor alto, reduzca la temperatura a medio baja y hierva a fuego bajo, sin tapar, durante 2¼ horas.

Prepare un colador grande con un trozo grande de manta de cielo (muselina) húmeda. Cuele el consomé y vierta en un recipiente grande, presionando sobre las partes sólidas con el reverso de una cuchara. Deje enfriar a temperatura ambiente durante 1 hora, refrigere sin tapar hasta que la grasa espese sobre su superficie, por lo menos durante 6 horas ó hasta un día. Retire la grasa y deseche. Tape y refrigere hasta durante 3 horas o congele hasta durante 3 meses. Rinde 7 tazas (1.75 l/56 fl oz).

CONSOMÉ DE RES

¼ de taza (60 ml/2 fl oz) de aceite vegetal

2 kg (4 lb) de retazo con hueso de res, cortado en trozos de 4 a 5 cm (1½ a 2 in)

3 cebollas amarillas o blancas, rebanadas

2 tallos grandes de apio cortados en trozos de 2.5 cm (1 in)

2 jitomates bola (Roma) grandes, partidos a la mitad

3 dientes de ajo en mitades

4 l (4 qt) de agua fría

6 ramas de perejil liso (italiano) fresco

¼ de cucharadita de sal kosher o sal de mar

12 granos de pimienta negra

4 granos de pimienta de cayena

1 hoja de laurel, de preferencia Turco (página 10)

En una olla grande para consomé, caliente el aceite sobre fuego medio alto. Agregue los huesos de res y saltee hasta que estén dorados, aproximadamente 10 minutos. Pase a un recipiente. Añada las cebollas y apio a la olla y saltee hasta que estén bien dorados, aproximadamente 20 minutos. Agregue los jitomates y el ajo y mezcle durante 1 minuto. Añada los demás ingredientes y los huesos con el jugo acumulado; deje que suelte el hervor; reduzca la temperatura a media baja y hierva a fuego lento, sin tapar, durante 4 horas.

Prepare un colador grande con un trozo de manta de cielo húmeda. Cuele el consomé y vierta a un recipiente grande, presionando sobre las partes sólidas con el reverso de una cuchara. Deje enfriar a temperatura ambiente 1 hora, refrigere sin tapar, hasta que la grasa se acumule en la superficie, por lo menos durante 6 horas o hasta 1 día. Levante la grasa y deseche. Tape y refrigere hasta por 3 días o congele hasta 3 meses. Rinde 6 tazas (1.5 l/ 48 fl oz).

GLOSARIO

ALCAPARRAS Botones de una flor de un arbusto nativo del Mediterráneo, las alcaparras generalmente se venden en una salmuera de vinagre. Las etiquetadas con el nombre de "nonpareils", o alcaparras incomparables originarias del sur de Francia, son las más pequeñas y se consideran las mejores.

AZAFRÁN Algunas autoridades sostienen que se necesitan casi 14,000 pistilos de 4,300 flores pequeñas de croco moradas, cosechadas a mano, para producir 30 g (1 oz) de azafrán, convirtiéndolo en una de las especias más caras del mundo. Para asegurarse de tener un producto de alta calidad, compre y use únicamente pistilos de azafrán (enteros), no compre del azafrán en polvo ya que puede estar adulterado con otros ingredientes. El azafrán tiene un sabor fuerte, terroso y ligeramente amargo. Aunque los pistilos son de color rojo anaranjado, dan un tono amarillo agradable a muchos platillos.

BUTTERMILK Tradicionalmente, el suero de manteca es el líquido que queda cuando la mantequilla se separa de la crema. Hoy en día, la mayor parte del suero de manteca es un producto cultivado, bajo en grasa o leche descremada, en la que los azúcares se han tornado ácidos. El suero de manteca agrega un sabor penetrante y una textura espesa y cremosa a los aderezos, pastas y alimentos horneados.

CEBOLLA
Verde: también conocida como cebollín o cebolla de cambray, es delgada y larga, con un bulbo pequeño y con varios rabos huecos de color verde. Su sabor suave y vivo puede gozarse tanto crudo como cocido.

Morada: También llamada cebolla Bermuda o cebolla Italiana, la cebolla morada es en realidad color escarlata. Es más dulce que la cebolla amarilla y se prefiere en rodajas crudas en ensaladas y sándwiches. Al cocinarse son muy suaves.

Echalota: Vea la página 22

Blanca: Es más fuerte que la cebolla morada pero más suave y menos dulce que la cebolla amarilla. La cebolla blanca es la favorita de la cocina mexicana. La cebolla blanca es grande y ligeramente aplastada. Algunas veces se les llama cebolla española.

Amarilla: La cebolla globo amarilla es la cebolla común que sirve para cualquier platillo y que se vende en los supermercados. Puede ser en forma de globo, aplastada o ligeramente ovalada y su piel parece pergamino tono café dorado. Al cocinarse se vuelve muy sazonada y dulce lo que la convierte en la cebolla ideal para caramelizarse.

CEBOLLÍN Una hierba con sabor delicado de la familia de la cebolla, el cebollín parece un popote delgado y afilado de color verde. No use cebollín seco, pues no tiene demasiado sabor. El rabo picado de la cebolla de cambray puede ser un buen sustituto.

CHIRIVÍAS Vea la página 33

CILANTRO Los tallos y hojas de color verde brillante de la planta del cilantro, también conocido como perejil chino, se usa mucho en la cocina mexicana, asiática, hindú, latina y de la región central de Europa.

COLADOR Este artículo con forma de tazón hecho de metal o plástico resistente está perforado con hoyos pequeños. Es indispensable para escurrir alimentos hervidos como papas o pasta y para enjuagar cantidades grandes de frutas o verduras. Un colador preparado con una manta de cielo húmeda (muselina) también se puede usar para colar consomé.

CORNICHONS También llamados pepinillos, los cornichons se preparan con pepinos especialmente cultivados para poner en salmuera cuando son aún pequeños. Se conservan en vinagre y tienen un sabor ácido y una textura crujiente.

CREMA AGRIA La crema agria es la crema que se ha agriado a propósito. Al agregar cultivos de bacterias a la crema los productores pueden controlar el proceso de agriado a medida que la lactosa de la crema se convierte en ácido láctico. La crema agria comercial, compuesta del 18 al 20 por ciento de grasa de mantequilla, tiene una consistencia espesa y cremosa que la hace muy popular para hornear, en aderezos y para adornar platillos. Combina muy bien con papas.

CRÈME FRAÎCHE Producto de crema agria originario de Francia, la crème fraîche se parece a la crema agria pero es más suave y su sabor es más gratificante. Las marcas francesas así como las americanas se pueden encontrar en muchos mercados bien surtidos, pero también la puede hacer en su casa. Para prepararla combine 1 taza (250 ml/8 fl oz) de crema espesa (doble) y 1 cucharada de buttermilk en una olla pequeña sobre calor medio bajo. Caliente hasta que esté tibia (no pase de 29°C/85°F), y no deje hervir. Retire del calor, tape parcialmente y permita que espese a temperatura ambiente elevada, lo cual puede tomar de 8 a 48 horas. Mientras más tiempo la deje reposar, saldrá más espesa y tendrá más sabor. Refrigérela de 3 a 4 horas para enfriar antes de usarla. Durará de 7 a 10 días.

ESPUMADERA La espumadera tiene una manija larga y un colador grande y plano o un recipiente plano hecho de rejilla de alambre. Está diseñada para remover la nata o espuma que se forma sobre la superficie al hervir caldos. También es la herramienta perfecta para retirar grandes cantidades de gnocchi, papas a la francesa u otras piezas pequeñas de alimentos de agua hervida o aceite caliente.

GRUYERE Uno de los quesos clásicos en una fondue, se elabora en Suiza a base de leche de vaca. Es amarillo claro, tiene un ligero sabor a nuez y su textura es firme.

HARICOTS VERTS Traducidos literalmente del Francés, los "haricots verts" son ejotes verdes. También llamados ejotes en vaina, son una variedad delgada y pequeña de ejotes con un sabor delicado y textura suave.

HONGOS

Cremini: Este tipo de hongos es una versión más oscura y con más sabor que los blancos cultivados. Generalmente miden de 2.5 a 5 cm (1–2 in) de diámetro y tienen un suave botón redondo. También se conocen como hongos italianos o cafés.

Portobello: Cremini maduro, el portobello mide de 7.5 a 13 cm (3–5 in) de diámetro y algunas veces es aún más grande. Su botón es plano y tiene laminillas expuestas en tonos de negro y café. Su sabor es fuerte, terroso y jugoso. Hay una variedad más pequeña, generalmente conocida como portobello baby que mide aproximadamente 6 cm (2½ in) de diámetro. Quite el tallo o reserve para hacer caldo y quite las laminillas para no dar al platillo un aspecto oscuro.

Shiitake: Este hongo café y tierno es nativo del Japón y actualmente se cultiva en los Estados Unidos y miden de 5 a 13 cm (2 – 5 in) de diámetro. Tiene un sabor fuerte y de alguna manera su sabor es ligeramente ahumado. El tronco de madera siempre se quita. El shiitake es también denominado como "golden oak", (roble dorado), "forest" (bosque) y "Chinese Black" (negro de China).

HUEVOS CRUDOS En algunas recetas se usan huevos crudos o ligeramente cocidos que pudieran estar infectados con salmonella u otra bacteria, que pueden envenenar los alimentos. Este riesgo es más peligroso con los niños pequeños, gente mayor, mujeres embarazadas o cualquier persona que tenga un sistema inmunológico débil. Si es sano y se preocupa por su seguridad, no consuma un huevo poco cocido, o busque un producto hecho de huevo pasteurizado para sustituirlo. Para hacer que los huevos sean un alimento seguro puede calentarlos a 60°C (140°F) durante 3½ minutos. Tome en cuenta que los huevos cocidos a fuego lento, poché y tibios no llegan a esta temperatura

JITOMATES, DESEMILLANDO
Vea la página 102.

MANTEQUILLA SIN SAL Hecha de la crema dulce, la mayoría de la mantequilla es un 80% de grasa de la leche y el resto es agua y sólidos de la leche. Muchos cocineros prefieren la mantequilla sin sal por dos razones: Primero, porque la sal que tiene la mantequilla se agrega a la cantidad total de sal que hay en una receta, lo cual puede cambiar el sabor del platillo final. Segundo, porque la mantequilla sin sal generalmente es más fresca, ya que ésta actúa como conservador y hace que dure más tiempo en los anaqueles. Si no puede encontrar sin sal, la mantequilla con sal puede funcionar en la mayoría de las recetas, pero rectifique la sazón y ajuste la sal especificada en la receta según se necesite.

MOSTAZA DE DIJON Una mostaza preparada de sabor fuerte originaria de la región de Dijon en Francia, la mostaza de Dijon está hecha principalmente de semillas molidas de mostaza café, vino blanco y condimentos.

MOSTAZA EN POLVO Existen tres colores de esta semilla: blanca (también llamada amarilla), café y negra. La blanca es la más suave, seguida en sabor por la café y la negra.

La mostaza en polvo inglesa es la mejor y es una mezcla clásica de semillas blanca y café con un toque de sabor a trigo.

NUEZ MOSCADA Vea la página 13

PAPAS. SUS TIPOS Vea las páginas 105 y 106

PASA PURÉ Un pasa puré se compone de un pequeño recipiente con base perforada y un émbolo pegado a su borde. El émbolo empuja las papas u otros tubérculos suaves cocidos a pasar por las perforaciones. Esto proporciona partículas suaves del tamaño de un grano de arroz que, al mezclarse, producen una textura suave.

PEREJIL Comúnmente se encuentra dos tipos de perejil: el chino y el de hoja plana, o italiano. Este último tiene un sabor más fuerte y fresco y es preferido para las recetas de este libro.

PIMENTÓN Una pimienta molida de color rojo sumamente picante hecha de cayena seca y otros chiles. El pimentón puede usarse espolvoreado en una gran variedad de recetas para agregar picor y elevar su sabor. Siempre que lo use ponga una cantidad pequeña al principio y agregue más poco a poco.

PIMIENTA DE CAYENA Esta pequeña fruta seca de color café oscuro del árbol de pimiento tiene una mezcla de sabor a condimento que parece canela, clavo, nuez moscada, jengibre y pimienta. También conocida como pimienta de jamaica, la pimienta de cayena puede comprarse molida o entera y se usa tanto en platillos dulces como en platillos sazonados.

PRENSADOR. DE MANO Considerado por muchos cocineros como la herramienta preferida para hacer puré de papa, un prensador manual permite hacer puré con una textura espesa. No trabajará las papas con exceso, lo cual hace que adquieran una consistencia pesada y pegajosa. Busque un prensador con una manija fuerte y un mango prensador que tenga partes planas que ayudarán a aplastar bien los grumos de las papas de una manera más eficaz.

ROMERO Hierba del Mediterráneo, parecida a las agujas de pino puestas sobre un palo de madera. Esta hierba tiene un sabor que combina bien con el cordero, muchos vegetales y mariscos, pero debe usarse con moderación. El romero seco es muy suave comparado con el fresco, pero si se usa, deben molerse finamente todas las agujas secas y duras.

SAL KOSHER O SAL DE MAR Estos gránulos de sal pura de roca son ligeramente más grandes que las semillas de amapola (poppy seeds) y no contiene aditivos. La sal kosher tiene un sabor puro y no es tan fuerte como la sal de mesa normal. Si usa sal de mesa normal, use solo la mitad de lo que piden las recetas de este libro.

SEMILLAS
Alcaravea: Esta semilla color café oscuro proviene de una hierba de la familia del perejil, mide aproximadamente 6 mm (¼ in) de largo y tiene un aroma asociado inmediatamente con el pan de centeno. La semilla de alcaravea se usa mucho en la cocina Alemana, Húngara y Austriaca.

Hinojo: Esta semilla acanalada de color

verde tiene un delicado sabor a anís. Generalmente se usa para sazonar salchichas italianas así como otros platillos y bebidas dulces y saladas.

TOMILLO Esta hierba, de hojas verdes sobre tallos delgados, sirve para condimentar cualquier platillo. Su terroso sabor a flores complementa perfectamente carnes, pescados, verduras y ensaladas. Si se necesita en grandes cantidades, arranque con cuidado las hojas del tallo. Si su tallo es muy suave, simplemente córtelo junto con las hojas.

TOSTANDO NUECES Y SEMILLAS Para tostar piñones y otro tipo de nuez y semilla sin prender el horno, coloque una pequeña cantidad en una sartén seca sobre la estufa. Tueste sobre calor medio bajo, moviendo frecuentemente, hasta que aromaticen y empiecen a tomar color. Dependiendo del tipo de nuez o semilla y de su tamaño, esto puede tomar de 2 a 8 minutos. No las pierda de vista, pues se quemarán rápidamente. Páselas de inmediato a un plato o toalla de papel para enfriar. Estas continúan tostándose mientras se enfrían, por lo que debe retirarlas del fuego cuando estén un tono más claro del tono deseado. Se tornarán más oscuras y crujientes a medida que se enfrían. Almacénelas en un contenedor cerrado al vacío por 3 días a temperatura ambiente o refrigérelas hasta por 10 días.

VAPORERA Vea la página 108

ÍNDICE

DEGUSTIS
Es un sello editorial de
Advanced Marketing, S. de R.L. de C.V.
Aztecas 33, Col. Sta. Cruz Acatlán, C.P. 53150 Naucalpan, Estado de México

WILLIAMS-SONOMA
Fundador y Vice- Presidente: Chuck Williams
Compras: Cecilia Michaelis

WELDON OWEN INC.
Presidente Ejecutivor: John Owen; Presidente: Terry Newell; Vicepresidente,
Ventas Internacionales:Stuart Laurence; Director de Creatividad: Gaye Allen;
Editor de Serie: Sarah Putman Clegg; Editor Asociado: Heather Belt:
Editor de Fotografía: Lisa Lee; Editor de Copias: Sharon Silva; Editor Consultor: Douglas Chalk
Diseñadores: Lisa Schulz y Douglas Chalk; Fotografía de Alimentos: Maren caruso
Estilistas de Alimentos: Kim Konecny y Erin Quon; Estilista de Props: Carol Hacker;
Asistente de Fotografía: Faiza Ali; Índice: Ken DellaPenta; Corrección de Estilo Dresne Ahlers,
Kate Chynoweth, Linda Bouchard y Carrie Bradley.

Título Original: Papas   Traducción: Laura M. Cordera
Papas de la Colección Williams – Sonoma fue concebido y producido por Weldon Owen Inc., en colaboración
con Williams – Sonoma.

Una Producción Weldon Owen Derechos registrados © 2002 por Weldon Owen Inc, y Williams – Sonoma Inc.

Derechos registrados © 2003 para la versión en español: Advanced Marketing, S. de R.L.. de C.V.
Aztecas 33, Col. Sta. Cruz Acatlán, C.P. 53150 Naucalpan, Estado de México

Presentado en Traján, Utopía y Vectora.

ISBN 970-718-061-7

Separaciones a color por Bright Arts Graphics Singapur (Pte.) Ltd.
Impreso y encuadernado en Singapur por Tien Wah Press (Pte.) Ltd./Printed and bound in Singapore by Tien Wah Press (Pte.) Ltd

1 2 3 4 5   03 04 05 06 07

UNA NOTA SOBRE PESOS Y MEDIDAS

Todas las recetas incluyen medidas acostumbradas en Estados Unidos y medidas del sistema métrico.
Las conversiones métricas se basan en normas desarrolladas para estos libros y han sido
aproximadas. El peso real puede variar.